Massoud Seifi

Cœurs stables de communautés dans les graphes de terrain

Massoud Seifi

Cœurs stables de communautés dans les graphes de terrain

Presses Académiques Francophones

Impressum / Mentions légales

Bibliografische Information der Deutschen Nationalbibliothek: Die Deutsche Nationalbibliothek verzeichnet diese Publikation in der Deutschen Nationalbibliografie; detaillierte bibliografische Daten sind im Internet über http://dnb.d-nb.de abrufbar.
Alle in diesem Buch genannten Marken und Produktnamen unterliegen warenzeichen-, marken- oder patentrechtlichem Schutz bzw. sind Warenzeichen oder eingetragene Warenzeichen der jeweiligen Inhaber. Die Wiedergabe von Marken, Produktnamen, Gebrauchsnamen, Handelsnamen, Warenbezeichnungen u.s.w. in diesem Werk berechtigt auch ohne besondere Kennzeichnung nicht zu der Annahme, dass solche Namen im Sinne der Warenzeichen- und Markenschutzgesetzgebung als frei zu betrachten wären und daher von jedermann benutzt werden dürften.

Information bibliographique publiée par la Deutsche Nationalbibliothek: La Deutsche Nationalbibliothek inscrit cette publication à la Deutsche Nationalbibliografie; des données bibliographiques détaillées sont disponibles sur internet à l'adresse http://dnb.d-nb.de.
Toutes marques et noms de produits mentionnés dans ce livre demeurent sous la protection des marques, des marques déposées et des brevets, et sont des marques ou des marques déposées de leurs détenteurs respectifs. L'utilisation des marques, noms de produits, noms communs, noms commerciaux, descriptions de produits, etc, même sans qu'ils soient mentionnés de façon particulière dans ce livre ne signifie en aucune façon que ces noms peuvent être utilisés sans restriction à l'égard de la législation pour la protection des marques et des marques déposées et pourraient donc être utilisés par quiconque.

Coverbild / Photo de couverture: www.ingimage.com

Verlag / Editeur:
Presses Académiques Francophones
ist ein Imprint der / est une marque déposée de
AV Akademikerverlag GmbH & Co. KG
Heinrich-Böcking-Str. 6-8, 66121 Saarbrücken, Deutschland / Allemagne
Email: info@presses-academiques.com

Herstellung: siehe letzte Seite /
Impression: voir la dernière page
ISBN: 978-3-8381-7104-3

Remerciements

Je tiens à adresser mes remerciements les plus sincères aux personnes qui m'ont accompagné au cours de ce travail.

Tout d'abord j'adresse mes sincères remerciements à Matthieu Latapy, Directeur de Recherche CNRS, pour m'avoir encouragé et soutenu tout au long de ce travail et Jean-Loup Guillaume, Maître de Conférences à l'Université Pierre et Marie Curie, pour l'inspiration, l'aide et le temps qu'il a bien voulu consacrer à cette étude et sans qui ce livre n'aurait jamais vu le jour et je lui dois beaucoup.

Je souhaite remercier vivement Bénédicte Le Grand, Maître de Conférences à l'Université Pierre et Marie Curie, avec laquelle j'ai l'honneur de collaborer et Clémence Magnien, la responsable de l'équipe Complex Networks, pour sa gentillesse lors de la relecture de ce livre.

Je remercie toute l'équipe Complex Networks du Laboratoire d'informatique de Paris 6 (LIP6) notamment Thomas, Lionel, Christophe, AbdelHamid, Lamia, Raphaël, Sébastien, Daniel, Fabien, Assia, Oussama, Élie, Maximilien, Alice, Amélie et d'autres qui ont été des collègues formidables.

Enfin, j'adresse mes plus sincères remerciements à ma famille et tous mes amis, qui m'ont toujours soutenu et encouragé au cours de la réalisation de ce travail.

Merci à tous et à toutes.

Résumé

Dans de nombreux contextes, des ensembles d'entités en relation peuvent être modélisés par des graphes, dans lesquels les entités individuelles sont représentées par des sommets et les relations entre ces entités par des liens. Ces graphes, que nous appellerons *graphes de terrain*, peuvent être rencontrés dans le monde réel dans différents domaines tels que les sciences sociales, l'informatique, la biologie, le transport, la linguistique, etc.

La plupart des graphes de terrain sont composés de sous-graphes denses faiblement inter-connectés appelés *communautés* et de nombreux algorithmes ont été proposés afin d'identifier cette structure communautaire automatiquement.

Nous nous sommes intéressés dans cette thèse aux problèmes des algorithmes de détection de communautés, notamment leur non-déterminisme et l'instabilité qui en découle. Nous avons présenté une méthodologie qui tire parti de ce non-déterminisme afin d'améliorer les résultats obtenus avec les techniques actuelles de détection de communautés. Nous avons proposé une approche basée sur le concept de communautés fortes ou *cœurs de communautés* et nous avons montré l'amélioration apportée par notre approche en l'appliquant à des graphes réels et artificiels.

Nous avons aussi étudié la structure des cœurs des graphes aléatoires et nous avons montré qu'à la différence des algorithmes classiques de détection de communautés qui peuvent trouver des partitions en communautés dans des graphes n'ayant pourtant aucune structure communautaire intrinsèque, notre approche indique clairement l'absence de structure communautaire dans les graphes aléatoires et permet en ce sens de distinguer les graphes aléatoires des graphes réels.

Nous avons étudié également l'évolution des cœurs dans des réseaux dynamiques via une dynamique simulée simple et contrôlable ainsi qu'une dynamique réelle. Nous avons montré que les cœurs sont beaucoup plus stables que les communautés obtenues par les techniques actuelles de détection de communautés et que notre approche peut donc pallier les défauts des méthodes stabilisées qui ont été proposées récemment.

Abstract

In many contexts, sets of related entities can be modeled by graphs, in which entities are represented by nodes and relationships between these entities by edges. These graphs, which we call *complex networks*, may be encountered in the real world in various fields such as social science, computer science, biology, transportation, linguistics, etc.

Most complex networks are composed of dense subgraphs weakly interconnected called *communities* and many algorithms have been proposed to identify the community structure of complex networks automatically.

During this thesis, we focused on the problems of community detection algorithms, especially their non-determinism and the instability that results. We presented a methodology that takes advantage of this non-determinism to improve the results obtained with current community detection techniques. We proposed an approach based on the concept of strong communities, or *community cores*, and we showed the improvement made by our approach by applying it to real and artificial graphs.

We also studied the structure of cores in random graphs and we showed that unlike classical community detection algorithms which can find communities in graphs with no intrinsic community structure, our approach clearly indicates the absence of community structure in random graphs and, in this way, allows to distinguish between random and real graphs.

We also studied the evolution of cores in dynamical networks using a simple and controllable simulated dynamic and a real dynamic. We showed that cores are much more stable than communities obtained by current community detection techniques and our approach can overcome the disadvantages of stabilized methods that have been recently proposed.

Table des matières

CHAPITRE 1

Introduction

Dans de nombreux contextes, des ensembles d'entités en relation peuvent être modélisés par des graphes, dans lesquels les entités individuelles sont représentées par des sommets et les relations entre ces entités par des liens. Ces graphes, que nous appellerons *graphes de terrain* (par opposition aux graphes explicitement construits par un modèle ou une théorie) ou *réseaux complexes* (*complex networks* en anglais), peuvent être rencontrés dans le monde réel dans différents domaines tels que les sciences sociales (réseaux sociaux en ligne, réseaux de connaissance, réseaux de collaboration professionnelle, réseaux d'appels téléphoniques), l'informatique (réseaux physiques de l'Internet, graphes du web, réseaux d'échanges pair à pair), la biologie (réseaux d'interactions protéine-protéine, réseaux de neurones, réseaux de gènes), le transport (réseaux routiers, réseaux aériens, réseaux électriques), la linguistique (graphes de synonymie, graphes de co-occurrence de mots dans des textes), etc. (voir [27] pour un aperçu plus complet).

L'étude et l'analyse des graphes de terrain est un thème qui suscite beaucoup d'intérêt dans différents domaines de recherche. Par exemple, l'analyse des réseaux sociaux constitués des contacts entre personnes peut révéler des informations pertinentes sur la structure de la société. Cependant, ces graphes sont souvent de très grande taille, ce qui en rend l'étude difficile et requiert le développement de méthodes nouvelles.

Un autre facteur de complexité réside dans le fait que la plupart des graphes de terrain évoluent au cours du temps. La prise en compte de la dynamique de ces graphes pose de nombreuses questions scientifiques. Par exemple, le simple fait de mesurer ces réseaux est complexe car pendant les mesures d'une partie du réseau, le reste évolue en même temps. Tous les travaux classiques sur l'étude des graphes de terrain doivent donc être revisités dans le contexte des graphes dynamiques.

Structure communautaire

Bien que les graphes de terrain n'aient aucune propriété structurelle évidente, ils possèdent des propriétés communes qui les caractérisent indépendamment de leur contenu spécifique. Par exemple, la distance moyenne entre deux sommets est très faible comparativement à la taille totale du graphe [4] et le nombre de voisins d'un sommet est souvent distribué suivant une loi hétérogène [34] (en général bien approximée par une loi de puissance) : de nombreux sommets possèdent peu de voisins et quelques sommets, agissant comme des hubs, ont beaucoup de voisins .

Parmi les propriétés communes des graphes de terrain, une caractéristique importante est qu'ils sont généralement composés de sous-graphes denses faiblement inter-connectés appelés *communautés* [42]. Les communautés peuvent être considérées comme des groupes d'entités qui partagent des caractéristiques communes ou jouent des rôles similaires : personnes proches (famille, amis, clients), pages web traitant d'un même sujet, protéines ayant une même fonction biologique, etc.

L'identification de communautés nous permet d'obtenir une vue macroscopique des système complexes et constitue une aide précieuse pour comprendre et analyser ces systèmes. Les applications de la détection de communautés sont nombreuses. et nous en décrirons certaines dans le courant de ce livre. La recherche de telles communautés a attiré beaucoup d'attention ces dernières années et de nombreux travaux ont été consacrés à la détection et à l'étude d'une telle structure communautaire dans les graphes de terrain.

De nombreux algorithmes ont donc été proposés pour calculer une structure communautaire automatiquement. Ces algorithmes commencent généralement avec une configuration initiale qu'ils essayent de modifier pour maximiser une fonction de qualité, par exemple la *modularité*. La maximisation de modularité est un problème NP-difficile et on ne peut donc chercher que des solutions approchées à l'aide de méthodes heuristiques. Ceci conduit à différentes partitions ayant généralement une qualité similaire selon l'initialisation et il n'y a en général pas de raison de préférer l'une à l'autre. Aussi, malgré la popularité de la modularité, la significativité des résultats obtenus avec des algorithmes basés sur l'optimisation de cette mesure n'est pas évidente.

De plus, ces algorithmes peuvent trouver des communautés avec une modularité élevée dans les graphes n'ayant aucune structure communautaire intrinsèque, notamment les graphes aléatoires. Un bon algorithme de détection de communautés devrait à la fois pouvoir trouver des communautés quand elles existent mais aussi indiquer leur absence éventuelle.

Enfin, la détection des communautés sur les graphes dynamiques est aussi une question encore largement ouverte. Deux courants co-existent qui consistent soit à calculer des communautés indépendamment à chaque instant de l'évolution du graphe puis à tenter de recoller les morceaux, soit à calculer les communautés à un instant puis à chercher à suivre leur évolution.

Nous nous intéresserons dans ce livre aux problèmes des algorithmes classiques de détection de communautés. Nous étudions une méthodologie qui tire parti du non-déterminisme de tels algorithmes afin d'améliorer les résultats obtenus avec les techniques actuelles de détection de communautés. La méthodologie est basée sur l'idée classique que si plusieurs algorithmes de détection de communautés ou plusieurs exécutions d'un même algorithme non-déterministe se mettent d'accord sur certains ensembles de sommets, alors ces ensembles peuvent être considéré comme plus significatifs. Nous étudierons dans ce livre une méthode basée sur ce principe. Nous appliquerons notre méthodologie à différents graphes de tests afin de montrer l'amélioration apportée par notre approche.

Organisation de ce livre

Dans la suite de ce livre, nous décrirons les travaux réalisés et les contributions apportées. Dans le chapitre 2 nous présenterons le contexte scientifique de nos travaux ainsi que tous les outils nécessaires à une bonne compréhension des contributions que nous effectuerons dans la suite.

Nous présenterons ensuite notre approche tirant parti du non-déterminisme des algorithmes de détection de communautés dans le chapitre 3. Nous montrerons que cette méthodologie permet d'améliorer la qualité des partitions trouvées par des algorithmes classiques de détection de communautés.

Dans le chapitre 4, nous utiliserons cette méthodologie sur des graphes aléatoires. Contrairement aux algorithmes de détection de communautés qui parviennent à trouver des partitions de qualité sur des graphes sans structure communautaire, nous montrerons que notre méthodologie indique clairement l'absence de structure communautaire dans les graphes aléatoires. En ce sens elle permet de distinguer les graphes aléatoires des graphes réels.

Enfin, nous montrerons dans le chapitre 5 que notre méthodologie est particulièrement bien adaptée à l'étude des graphes dynamiques. En particulier les cœurs de communautés que nous calculons sont beaucoup plus stables que des communautés obtenues par des algorithmes classiques et permettent donc d'envisager avec plus de confiance une étude poussée des graphes dynamiques.

Nous conclurons ce livre dans le chapitre 6 avec plusieurs perspectives de nos travaux. Nous présenterons en annexe une approche pour une visualisation multi-échelle basée sur la structure communautaire avec une application à un réseau de blogs.

CHAPITRE 2

Contexte

Nous présentons dans ce chapitre le contexte scientifique de nos travaux. Nous rassemblons les définitions et les méthodes dont nous aurons besoin par la suite. Après avoir donné les définitions de base et procédé à quelques rappels concernant les caractéristiques communes des graphes de terrain, nous présenterons une fonction de qualité qui est largement utilisé dans littérature pour savoir si un découpage en communautés es bon. Nous décrirons ensuite plusieurs méthodes de détection de communautés en accentuant sur la méthode de Louvain qui est largement utilisée dans ce livre. Nous présenterons également les applications et les limitations liées aux méthodes classiques de détection de communautés. Enfin, nous décrirons rapidement les réseaux étudiés pour évaluer notre approche.

2.1 Définitions de base

Nous utiliserons dans toute ce livre un ensemble de notions et de notations que nous allons définir maintenant.

Un *graphe* G est un couple (V, E) où $V = \{v_1, v_2, \ldots, v_n\}$ est un ensemble de *sommets* (ou *nœuds*) et $E = \{e_1, e_2, \ldots, e_m\}$ un ensemble de *liens* (ou *arêtes*), un lien $e_k \in E$ étant un couple (v_i, v_j) reliant les sommets v_i et v_j. Nous noterons $n = |V|$ le nombre de sommets de G et $m = |E|$ son nombre de liens. Un graphe possédant n sommets tous reliés deux à deux par un lien est dit *complet*. Dans un graphe $G = (V, E)$, on appelle *clique* un sous-ensemble de sommets C induisant un sous-graphe complet de G, c'est-à-dire tel que $G' = (C, (C \times C) \cap E)$ est un graphe complet. Un graphe est dit *orienté* lorsque les liens sont unidirectionnels, c'est-à-dire qu'un lien entre deux sommets u et v relie soit u à v, soit v à u, c'est-à-dire si les liens sont des couples et pas des paires de sommets. Sinon, les liens sont symétriques et le graphe est *non-orienté*. Un graphe est simple s'il ne contient ni boucles (un lien reliant un sommet à lui même) ni plus d'un lien entre deux mêmes sommets. Un graphe $G = (V, E, W)$ est *pondéré* ou *valué* lorsqu'un poids (ou une valeur) positif $w(u, v)$ est attribué à chaque lien $(u, v) \in E$.

Dans ce livre, nous étudierons des graphes non-orientés et simples, sauf si c'est explicitement spécifié.

La *densité* ρ d'un graphe G est la proportion de liens existant dans G par rapport au nombre total de liens possibles : $\rho(G) = \frac{2m}{n(n-1)}$. Si m est de l'ordre de n on dit que le graphe est *creux*, voire très creux ; dans le cas contraire on dira qu'il est *dense*.

Le *degré* $d(v)$ d'un sommet $v \in V$ est le nombre de liens incidents au sommet v, c'est-à-dire $|N(v)|$ où $N(v) = \{u \in V, (v, u) \in E\}$ est le voisinage du sommet v. Le *degré moyen* d'un graphe G, noté λ_G est la moyenne de cette valeur pour tous les sommets : $\lambda_G = \frac{1}{n} \sum_{v \in V} d(v) = 2m/n$.

La distribution des degrés d'un graphe est la proportion $P(k)$, pour chaque entier k, de sommets de degré k dans le graphe : $P(k) = \frac{1}{n} |\{v \in V, d(v)\}|$. Un graphe ayant une distribution des degrés hétérogène est un graphe dont la distribution des degrés n'est pas centrée autour d'une valeur moyenne. Un cas typique souvent rencontré dans des cas pratiques est celui d'une distribution en loi puissance : $P(k) \sim k^{-\gamma}$ où $\gamma > 0$ est l'exposant de la loi. Avec une telle loi, il y a beaucoup de sommets de faible degré, quelques-uns de fort degré, et tous les comportements intermédiaires. Au contraire, dans un graphe possédant une distribution des degrés homogène, le degré moyen a un sens et le degré des sommets est en général proche du degré moyen du graphe.

Un graphe est dit *connexe* si on peut aller de tout sommet vers tous les autres sommets par une suite de liens. Si G est un graphe non connexe, on nomme *composantes connexes* les sous-graphes connexes maximaux G'_i de G. On utilise le terme *composante géante* d'un graphe G non connexe pour désigner la plus grande composante connexe d'un graphe dès lors que sa taille est linéaire en n.

Dans un graphe connexe, un *chemin* c entre deux sommets u et v est une suite de liens reliant les deux sommets. La longueur d'un chemin c est le nombre de liens composant c. Un *plus court chemin* entre u et v est un chemin de longueur minimale reliant u à v et on notera sa longueur $d_G(u, v)$, que l'on appelle distance entre u et v. Ainsi, deux sommets voisins seront à distance 1 et deux sommets séparés par un intermédiaire seront à distance 2.

Étant donné un graphe $G = (V, E)$, et $N(v)$ les voisins d'un sommet v, le *coefficient de clustering* de v, noté $CC(v)$ est le nombre de liens entre les voisins de v divisé par le nombre maximum de liens pouvant exister entre ses voisins : $CC(v) = \frac{|e(N(v))|}{\binom{|N(v)|}{2}}$, où $e(X)$ est le nombre de liens entre les sommets dans $X \subseteq V$. Selon les auteurs, les sommets de degré 0 et 1 pour lesquels la formule n'est pas définie ont un coefficient de clustering valant 0 ou 1.

Le coefficient de clustering d'un graphe peut être calculé soit comme la moyenne de $CC(v)$ sur tous les sommets V, soit par :

$$CC_G = \frac{3 \times \text{nombre de triangles dans le graphe}}{\text{nombre de triplets connexes dans le graphe}},$$

où un triplet connexe est un ensemble de trois sommets avec au moins deux liens entre eux. Ces deux définitions ne sont pas strictement équivalentes mais visent à donner une intuition de la densité locale du graphe étudié. Le coefficient de clustering est maximal ($CC_G = 1$) dans un graphe complet.

Plusieurs notions existent pour définir l'importance d'un sommet dans un graphe, cette importance étant en général appelée *centralité*. La mesure la plus simple est le degré, ou *centralité de degré* (*degree centrality* en anglais), qui exprime l'intuition selon laquelle un sommet fortement connecté est important dans le graphe. Cette mesure ne prend pas en compte la structure du graphe mais elle est malgré tout beaucoup utilisée dans certains contextes, notamment en sociologie.

Une autre définition, la *centralité de proximité* (*closeness centrality* en anglais) indique qu'un sommet v est central s'il peut rapidement interagir avec l'ensemble des autres sommets du réseau, c'est-à-dire s'il est situé à proximité de l'ensemble des autres sommets du graphe. Cette mesure, peut être calculée par :

$$C_C(v) = \frac{1}{\sum_{u \in V \setminus \{v\}} d_G(u, v)}$$

Plus la centralité de proximité est élevée, plus le sommet est proche de l'ensemble des autre sommets et plus il est central.

Enfin, la *centralité d'intermédiarité* (*betweenness centrality* en anglais) mesure l'utilité d'un sommet dans la transmission de l'information au sein du réseau. Un sommet est d'autant plus central qu'il est situé sur beaucoup de plus courts chemins entre d'autres paires de sommets. Elle est définie formellement par :

$$C_B(v) = \sum_{i,j,i \neq j \neq v} \frac{\sigma_{ij}(v)}{\sigma_{ij}}$$

où $\sigma_{ij}(v)$ est le nombre de plus courts chemins allant de i à j passant par v et σ_{ij} le nombre total de plus courts chemins allant de i à j.

De nombreuses autres mesures permettent d'appréhender plus précisément la structure d'un graphe, cependant nous nous limitons à cet ensemble dont nous nous servirons par la suite.

2.2 Caractéristiques communes des graphes de terrain

Les graphes de terrain issus de différents domaines sont très variés en taille, de quelques dizaines à quelques milliards de sommets. De plus, de par leur origine très variée, on ne s'attend pas à retrouver des structures similaires entre, par exemple, un réseau social en ligne comme Facebook, et un réseau de transport aérien. Cependant, plusieurs études [34, 4], ont révélé que ces graphes possèdent des caractéristiques structurelles communes et non triviales. Ceci en rend l'étude encore plus intéressante car des résultats structurels obtenus sur un graphe de terrain particulier peuvent *a priori* être applicables pour tous, grâce à leur ressemblance. Nous décrivons ici les propriétés communes les plus importantes de ces graphes.

Effet petit-monde

Le concept de *petit-monde* ou *phénomène de petit-monde* (*small world* en anglais) est introduit par le psycho-sociologue Stanley Milgram en 1967 [59]. Il a conduit une expérience pour montrer que chacun peut être relié à n'importe quel autre individu par une courte chaîne de relations sociales. En terme de théorie des graphes, cette hypothèse se traduit par le fait que la distance moyenne dans le "réseau social humain" est faible. Plus précisément, Milgram suggère que deux personnes, choisies au hasard parmi les citoyens américains, sont reliées en moyenne par une chaîne de cinq relations et que cette valeur monte à six pour le réseau mondial (*six degrés de séparation* en anglais). Cette propriété est une des caractéristiques commune des graphes de terrain : ils possèdent tous une faible distance moyenne. Dans certains contextes, le terme petit-monde implique aussi un fort coefficient de clustering.

Graphes sans-échelle

De nombreuses études, par exemple [11, 3] ont constaté que la majorité des graphes de terrain possèdent une distribution des degrés très hétérogène, qui est souvent bien approximée par une distribution en loi de puissance : $P(k) = Ck^{-\gamma}$. On appelle des réseaux possédant cette caractéristique des *graphes sans-échelle (scale-free networks)*. Cette caractéristique implique que dans les graphes de terrain, certain sommets ayant un degré très élevé jouent des rôles particuliers par rapport à d'autres sommets du graphe possédant un degré beaucoup plus faible.

Variations de densité et structure communautaire

Les graphes de terrain sont en général creux, ou peu denses. Cette faible densité est généralement liée à des limites individuelles de chaque acteur du réseau qui ne peuvent établir beaucoup de relations. Dans un réseau social par exemple on imagine mal que tous les membres puissent connaître des millions d'autres individus. Le degré moyen des graphes de terrain est très faible et généralement indépendant de la taille du graphe [3]. On considère en général que le nombre de liens du graphe est linéaire en le nombre de sommets du graphe : $m = O(n)$.

A l'opposé, la majorité des graphes de terrain ont un coefficient de clustering élevé. Par exemple, dans un réseau social, cela implique que deux de vos amis ont une plus grande probabilité de se connaître (les amis de mes amis...) que deux personnes du réseau choisies au hasard, car dans le même temps la densité globale est faible. On observe donc une variation de densité selon l'échelle considérée, allant de très forte localement à très faible globalement.

La différence de densité entre les niveaux globaux et locaux dans les

graphes de terrain est en général expliquée par la présence de groupes de
sommets fortement liés entre eux et faiblement liés avec l'extérieur appelés
communautés. Cette caractéristique est importante et va jouer un rôle essentiel dans ce livre. Nous décrivons plus en détails cette caractéristique dans la
section suivante.

2.3   Structure communautaire

Intuitivement, sur un réseau social par exemple, on peut facilement être
convaincu que les individus se regroupent naturellement en communautés,
qui sont des groupes d'amis, de collègues de travail, de loisirs, familiaux, etc.
Donner une définition formelle de ce qu'est une communauté est difficile et
toutes les définitions existantes sont restrictives. Cependant, une définition
largement acceptée, liée à la topologie du réseau, considère une communauté
comme un sous-graphe dont les sommets sont plus liés entre eux qu'avec le
reste du réseau [42]. Autrement dit, une communauté est un ensemble de
sommets dont la densité de connexions internes est plus forte que la densité
de connexions vers l'extérieur (voir figure 2.1).

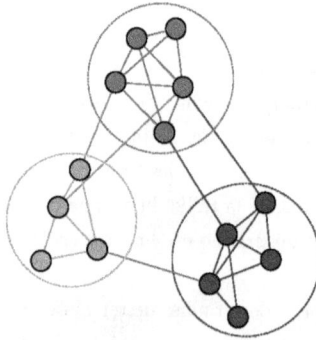

FIGURE 2.1 – Un exemple de graphe avec trois communautés identifiées

Nous allons maintenant présenter une formalisation de cette notion qui
passe par une fonction de qualité, la modularité. Ensuite, nous présenterons
plusieurs algorithmes classiques de détection de communautés, notamment

l'algorithme de Louvain qui sera beaucoup utilisé dans la suite de ce livre. Nous montrerons enfin les problèmes liés à la fois à l'utilisation de la modularité et à la plupart des algorithmes existants, problèmes auxquels nous apporterons un début de solution dans la suite de ce livre.

2.3.1   Qualité de partition : Modularité

Intuitivement, une communauté est un ensemble de sommets dont la densité de connexions internes est plus forte que la densité de connexions vers l'extérieur. Étant donné un graphe, l'objectif est donc de le décomposer en un ensemble de communautés de sorte que chacune respecte cette intuition. L'approche la plus "simple" consiste à se limiter à une partition de l'ensemble des sommets en communautés.

Formellement, une partition de graphe est une division de l'ensemble des sommets du graphe en des ensembles disjoints et non vides dont l'union contient tous les sommets : $\mathcal{P} = \{C_1, \ldots, C_p\}$ est une partition d'un graphe $G = (V, E)$ en p communautés si $\bigcup_{i=1\ldots p} C_i = V$; $\forall C_i \in \mathcal{P}, C_i \neq \emptyset$; et $\forall i, j, i \neq j \Rightarrow C_i \bigcap C_j = \emptyset$.

Avec cette définition, chaque sommet du graphe est dans une et une seule communauté, ce qui peut sembler limitant au premier abord. Des études tentent de dépasser cette limite pour définir des communautés pouvant se chevaucher (communautés recouvrantes) mais le problème devient beaucoup plus complexe [73]. Dans ce livre nous nous limiterons aux communautés définies par des partitions.

Une décomposition en communautés est ainsi une partition de l'ensemble des sommets et il existe de nombreuses fonctions pour juger de la qualité d'une partition d'un graphe donné [57]. Nous allons utiliser ici une fonction appelée la *modularité*, introduite par Girvan et Newman [66] qui est très largement utilisée dans ce contexte.

Supposons un graphe $G = (V, E)$ ayant $n = |V|$ sommets et $m = |E|$ liens, ainsi qu'une partition $\mathcal{P} = \{C_1, \ldots, C_p\}$ en communautés. Notons $\sum_c e_c$, la fraction de liens situés à l'intérieur des communautés, où e_c est le nombre de liens dans c. Selon la définition intuitive d'une communauté, pour avoir une bonne partition, la fraction de liens situés à l'intérieur des communautés doit être élevée c'est-à-dire que la valeur de $\sum_c e_c$ doit être élevée. Or, on voit clairement que la valeur maximale de $\sum_c e_c$ est trouvée si l'ensemble du réseau est considéré comme une seule communauté, c'est-à-dire si $\mathcal{P} = \{V\}$, car dans ce cas, tous les liens se trouvent dans cette communauté et $\sum_c e_c = 1$.

Pour y remédier, Girvan et Newman ont proposé une approche simple qui est devenue largement acceptée. Elle est basée sur l'idée intuitive que les réseaux aléatoires ne possèdent pas de structure communautaire. Ainsi, si l'on a trouvé une partition qui a du sens, on souhaite non seulement que $\sum_c e_c$ soit élevée et dans le même temps que la même partition sur un graphe aléatoire donne une faible valeur pour $\sum_c e_c$. Autrement dit, s'il y a plus de liens dans les communautés que ce à quoi on pouvait s'attendre dans un réseau aléatoire, alors la partition est de qualité. Afin de comparer un même partition sur G et sur un graphe aléatoire, il faut donc considérer un modèle de graphe aléatoire ayant le même nombre de sommets et la même distribution des degrés[1]. La fraction des liens au sein des communautés dans un réseau réel peut être tout simplement comptée, et la valeur attendue pour un réseau aléatoire peut être calculée à partir du degré des sommets de la manière suivante : pour une partition $\mathcal{P}$, si un lien est choisi au hasard, la probabilité a_c, qu'une extrémité de celui-ci mène à la communauté c est le nombre de liens ayant une extrémité dans la communauté c divisé par le nombre total de liens du réseau m. Nous voyons clairement que la probabilité qu'un lien ait une extrémité dans la communauté c est simplement la proportion de demi-liens dans cette communauté, soit la somme des degrés des sommets de la communautés divisé par deux fois le nombre de liens : $a_c = \frac{\sum_{i \in c} d(i)}{2m}$. La probabilité que les deux extrémités d'un lien soient dans la communauté c est donc a_c^2. De cela découle la définition de la modularité :

$$Q(\mathcal{P}) = \sum_i (e_c - a_c^2) \tag{2.1}$$

La modularité est toujours comprise entre -1 et 1 et la définition de la modularité implique qu'une partition où tous les sommets sont regroupés dans la même communauté a une modularité nulle. Cela implique aussi qu'il est toujours possible de trouver une partition de modularité positive ou nulle, quel que soit le graphe considéré, bien qu'il existe des partitions de modula-

---

1. C'est le modèle le plus simple dans lequel on recâble les liens sans rien modifier d'autres. Ce modèle est appelé modèle configurationnel [14]

rité négative. Une bonne modularité est donc toujours positive et la qualité augmente avec la modularité.

Une autre façon de voir cette fonction de qualité est la suivante : soit A la matrice d'adjacence du graphe G dont les éléments A_{ij} sont les poids des liens entre les sommets i et j, et valent donc 0 ou 1 dans le cas d'un graphe non-pondéré. L'expression (2.1) peut alors être récrite par :

$$Q(\mathcal{P}) = \frac{1}{2m} \sum_{i,j \in V} \left[A_{ij} - \frac{d(i)d(j)}{2m} \right] \delta(C_i, C_j) \qquad (2.2)$$

où $d(i) = \sum_j A_{ij}$ est le degré du sommet i et $\delta(C_i, C_j)$ est la fonction de Kronecker qui vaut 1 si $C_i = C_j$ et 0 sinon. C'est la formule (2.2) qui est généralement utilisée pour calculer la qualité d'une partition d'un graphe en communautés.

Il a été montré que maximiser la modularité d'un réseau est un problème NP-difficile [23] et on ne peut donc chercher que des solutions approchées à l'aide de méthodes heuristiques. De nombreuses méthodes d'optimisation de la modularité ont été proposées au cours des dernières années avec deux objectifs principaux : l'amélioration de la qualité et la réduction de la complexité du calcul de l'algorithme.

2.3.2 Méthodes de détection de communautés

L'identification automatique de communautés a attiré beaucoup d'attention ces dernières années et de nombreux algorithmes ont été proposés. Ces algorithmes considèrent uniquement les données structurelles des réseaux indépendamment de tout autres attributs spécifiques aux sommets par exemple. La plupart des méthodes de détection de communautés sont basées sur l'intuition que la structure communautaire des graphes de terrain est naturellement une structure hiérarchique (une communauté est elle-même composée de sous-communautés qui sont elles-même composées de sous-sous-communautés et ainsi de suite). De plus, si toutes les méthodes ne visent pas explicitement à maximiser la modularité, cette dernière est majoritairement utilisée pour comparer les performances des méthodes.

Nous pouvons classer ces méthodes en deux grandes familles : les méthodes agglomératives et les approches divisives. Les méthodes agglomératives

commencent avec des communautés ne contenant qu'un seul sommet comme
point de départ, puis elles essayent de fusionner des communautés ayant une
similarité forte de manière itérative. Les approches divisives commencent au
contraire avec tous les sommets dans une seule communauté, puis tentent
d'identifier les liens inter-communautaires afin de les supprimer pour briser
petit à petit le graphe en communautés. Nous décrivons ici quelques algorithmes de ces deux familles sans prétendre à l'exhaustivité (voir [35] pour un
survol plus complet).

Algorithme divisif de Girvan-Newman

La méthode divisive la plus classique est proposée par Girvan et Newman
[42] qui introduisent une mesure de centralité appelée *centralité d'intermé-*
diarité des liens (edge-betweenness centrality). Cette mesure est similaire à la
centralité d'intermédiarité d'un sommet et, pour un lien donné (u, v) peut être
calculé comme :

$$C_B((u, v)) = \sum_{i,j,i \neq j} \frac{\sigma_{ij}((u, v))}{\sigma_{ij}}$$

où $\sigma_{ij}((u, v))$ est le nombre de plus courts chemins allant de i à j passant
par le lien (u, v) et σ_{ij} le nombre total de plus courts chemins allant de i à j.

Intuitivement, cette mesure a pour but de repérer des liens centraux du
graphe. En effet, comme il existe peu de liens reliant les différentes communautés, les plus courts chemins entre deux sommets de deux communautés
différentes ont de grandes chances de passer par ces liens. Un algorithme calculant la centralité de toutes les arêtes en $O(mn)$ est proposé et l'algorithme
de détection de communautés consiste à calculer la centralité d'intermédiarité pour chaque lien du graphe, puis à enlever le lien possédant la plus forte
centralité d'intermédiarité. Ensuite, la centralité d'intermédiarité pour tous
les liens du graphe résultant est recalculée et le processus est itéré jusqu'à ce
que tous les liens aient été enlevés. Les déconnexions successives du graphe
donnent une hiérarchie de communautés imbriquées.

Cependant, cet algorithme nécessite le calcul des centralités d'intermédiarité coûteux en temps et possède une complexité en $O(m^2 n)$ soit $O(n^3)$
pour les graphes creux. Il n'est donc pas exploitable sur de grands graphes.

D'autres approches similaires mais avec d'autre mesures d'importance ont été introduites, voir [35].

Algorithme agglomératif _Walktrap_

Un algorithme agglomératif basé sur le concept de marche aléatoire appelé _Walktrap_ est proposé par Pascal Pons [72]. Il est basé sur l'idée intuitive qu'une marche aléatoire partant d'un sommet du graphe tend à rester piégée pendant un certain temps dans la communauté à laquelle ce sommet appartient. Supposons que nous effectuions une marche aléatoire courte sur le graphe partant d'un sommet v. Alors, la probabilité d'accéder à chacun des voisins de v en une étape, noté $N(v)$ est de $\frac{1}{|N(v)|}$. On peut donc calculer de même manière, la probabilité de se trouver au sommet j en partant de i après avoir effectué aléatoirement k pas. Cette probabilité permet de définir une distance entre les paires de sommets du graphe dans laquelle deux sommets u et v sont proches si leur vecteurs de probabilité d'atteindre les autres sommets sont similaires. Une fois ces probabilités calculées pour tous les paires de sommets, l'algorithme les utilise pour partitionner le graphe par l'intermédiaire d'une méthode de clustering hiérarchique. Commençant par n communautés ne contenant chacune qu'un seul sommet, l'algorithme cherche les deux communautés les plus proches, les fusionne, recalcule les distances, puis effectue une nouvelle fusion et ainsi de suite, jusqu'à n'obtenir qu'une seule communauté recouvrant tout le graphe (voir la figure 2.2).

Finalement, pour chacun des découpages intermédiaires, l'algorithme évalue la modularité et conserve le découpage qui donne la modularité la plus élevée (voir la figure 2.3).

Méthode agglomérative de Newman

Une méthode proposée par Newman et al. [64] est directement basée sur l'optimisation de la modularité. Il s'agit d'une méthode de classification hiérarchique gloutonne, où des groupes de sommets sont réunis pour former successivement de plus grandes communautés en faisant en sorte que la modularité augmente le plus possible après chaque fusion. On commence donc par n communautés, chacune contenant un seul sommet. Ensuite, les deux communautés dont la fusion augmente le plus la modularité sont regroupées itérativement.

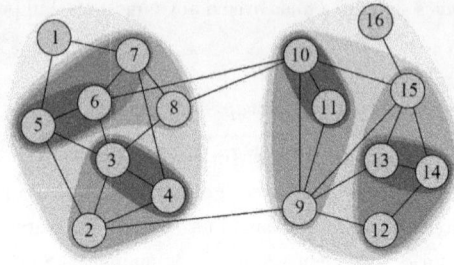

FIGURE 2.2 – Exemple de structure hiérarchique de communautés trouvée par *Walktrap* (Extrait de [72]). Le dendrogramme correspondant est représenté sur la figure 2.3.

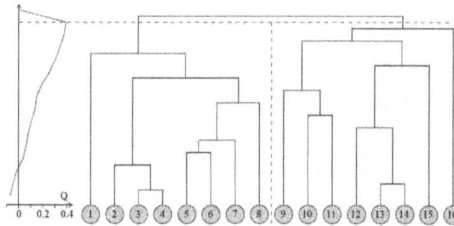

FIGURE 2.3 – Dendrogramme associé aux communautés de la figure 2.2 trouvées par l'algorithme *Walktrap* (Extrait de [72]). La partition présentée par une coupe horizontale du dendrogramme est celle ayant la modularité maximale.

Clauset et al. ont proposé [26] une structure de données adaptée afin d'améliorer la complexité de la méthode de Newman. Une autre optimisation de cette méthode a été proposée par Wakita et Tsurumi [88] permettant de traiter des graphes encore plus grands mais avec une perte de qualité.

2.3.3   Méthode de Louvain

Nous décrivons ici plus en détails une autre méthode heuristique basée sur la maximisation de modularité appelée *méthode de Louvain* qui est beaucoup plus rapide que la majorité des autres approches tout en étant au moins aussi efficace dans la plupart des cas. Cette méthode est centrale dans nos travaux, nous le présentons donc en détails.

La méthode de Louvain [19] est une méthode d'optimisation gloutonne locale de la modularité. L'algorithme est composé de deux phases qui sont répétées de manière itérative jusqu'à obtenir un maximum local de la modularité.

Première phase : Initialement, une communauté différente est attribuée à chaque sommet du réseau. Dans cette partition initiale il y a donc autant de communautés que de sommets. Ensuite, pour chaque sommet i tour à tour, les voisins j de i sont considérés et le gain de modularité obtenu en retirant le sommet i de sa communauté et en le plaçant dans la communauté de j est évalué. Le sommet i est alors déplacé dans la communauté pour laquelle ce gain est positif et maximum, sauf si aucun gain positif n'est possible auquel cas le sommet i reste dans sa communauté d'origine. Ce processus est appliqué de façon séquentielle pour tous les sommets à plusieurs reprises jusqu'à ce qu'aucune amélioration supplémentaire ne puisse être réalisée. La première phase est alors terminée. Il faut noter qu'un sommet peut être considéré et déplacé à plusieurs reprises. De plus, la sortie de l'algorithme dépend de l'ordre dans lequel les sommets sont considérés, mais cet ordre n'a pas une influence significative sur la modularité obtenue. Cependant, il peut influencer le temps de calcul [17].

Le gain en modularité Q obtenu en déplaçant un sommet i seul dans sa communauté vers une communauté C peut être calculé par :

$$\Delta Q = \left[\frac{\sum_{in} + k_{i,in}}{2m} - \left(\frac{\sum_{tot} + k_i}{2m} \right)^2 \right] - \left[\frac{\sum_{in}}{2m} - \left(\frac{\sum_{tot}}{2m} \right)^2 - \left(\frac{k_i}{2m} \right)^2 \right] \quad (2.3)$$

où $\sum_{in}$ est la somme des poids des liens à l'intérieur de C, $\sum_{tot}$ est la somme des poids des liens incidents à des sommets de C, k_i est la somme des poids des liens incidents au sommet i, $k_{i,in}$ est la somme des poids des liens de i vers des sommets de C et m est la somme des poids de tous les liens dans le réseau.

Une expression similaire est utilisée afin d'évaluer le changement de modularité lorsque i est retiré de sa communauté. La rapidité de l'algorithme est en

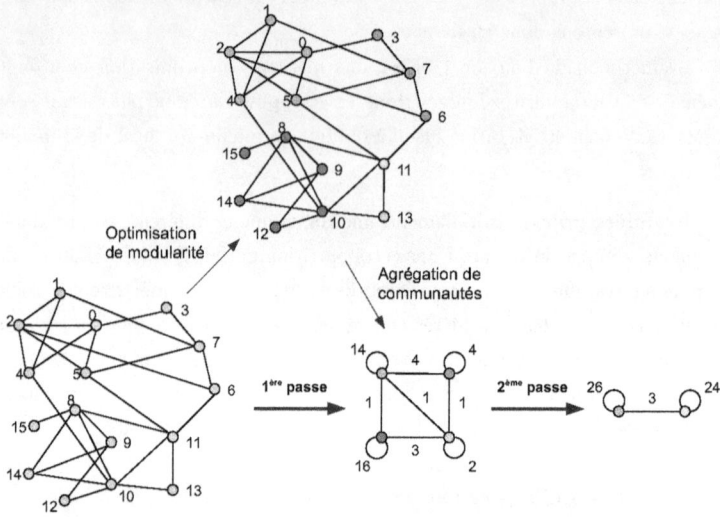

FIGURE 2.4 – Exemple d'application de la méthode de Louvain sur un graphe à 16 sommets (Extrait de [19]).

partie due au fait que ce gain de modularité peut se calculer avec uniquement une information locale.

Deuxième phase : La deuxième phase de l'algorithme consiste à construire un nouveau réseau dont les sommets sont les communautés trouvées lors de la première phase et les poids des liens entre les communautés sont donnés par la somme des poids des liens entre les sommets dans les deux communautés correspondantes. Les liens entre les sommets d'une même communauté induisent des boucles pour cette communauté dans le nouveau réseau dont le poids vaut deux fois le nombre de liens internes (voir l'agrégation de communautés sur la figure 2.4).

Une fois cette deuxième phase terminée, il est alors possible de ré-appliquer l'algorithme à ce nouveau réseau pondéré. Une combinaison des deux phases est appelée une *passe* est celles-ci sont itérées jusqu'à ce qu'il n'y ait plus de changement et qu'un maximum de modularité soit atteint (voir la figure 2.4).

L'algorithme 1 présente une version en pseudo code.

Algorithme 1 Pseudo-code de l'algorithme de Louvain.

1: G le graphe initial

2: **répéter**

3:     Placer chaque sommet de G dans une unique communauté

4:     Sauver la modularité de cette décomposition

5:     **tantque** il y a des sommets déplacés **faire**

6:         **pour tout** sommet n de G **faire**

7:             Chercher c la communauté voisine maximisant le gain de modula-
                rité

8:             **si** c induit un gain strictement positif **alors**

9:                 déplacer n de sa communauté dans c

10:     **si** la modularité atteinte est supérieure à la modularité initiale **alors**

11:         $fin \leftarrow faux$

12:         Afficher la décomposition trouvée

13:         Transformer G en le graphe entre les communautés

14:     **sinon**

15:         $fin \leftarrow vrai$

16: **jusqu'à** fin

La méthode de Louvain possède des avantages significatifs vis-à-vis d'autres méthodes de détection de communautés, notamment sa rapidité (bien que ce ne soit pas prouvé, l'algorithme a un fonctionnement linéaire ou presque), qui lui permet de traiter des graphes ayant jusqu'à plusieurs milliards de liens, son aspect multi-échelle, qui lui permet de découvrir des communautés à différentes échelles, et son excellente précision par rapport à d'autres méthodes gloutonnes. Pour ces différentes raisons nous l'utiliserons dans la suite de ce livre.

2.3.4   Limitations des algorithmes de détection de communautés

Les méthodes de détection de communautés et en particulier celles basés sur la modularité souffrent de plusieurs problèmes, notamment :

- la limite de résolution (elles sont incapables de détecter des petites communautés) ;
- le non-déterminisme et l'absence de stabilité qui en découle ;
- la possibilité d'identifier des communautés dans des graphes n'ayant aucune structure communautaire.

Nous décrivons maintenant ces limitations.

Limite de resolution

Fortunato et al. [36] ont montré que tous les algorithmes basés sur la maximisation de modularité souffrent d'une *limite de résolution* qui empêche les petites communautés d'être détectées dans les grands réseaux. Ils ont plus précisément prouvé que les algorithmes de maximisation de la modularité ont du mal à trouver des communautés ayant moins de $\sqrt{\frac{m}{2}}$ liens, où m est le nombre de liens dans l'ensemble du réseau.

D'autres études telles que [15] montrent que dans le cas de graphes pondérés, ces algorithmes peuvent échouer à détecter des communautés ayant moins de $\sqrt{\frac{W\varepsilon}{2}}$ poids total des liens, où W est le poids total de liens dans le réseau et ε est le poids maximum d'un lien intercommunautaire. Or, dans de nombreux réseaux la taille des communautés est généralement limitée pour des raisons biologiques et sociologiques [30]. Cette taille est bien inférieure à la limite de résolution inhérente à de nombreux grands réseaux, tels que les différents réseaux sociaux sur Internet. Les figures 2.5 et 2.6 illustrent des exemples typiques de graphes sur lesquels le phénomène de résolution limite est à l'œuvre.

Une adaptation de la modularité, appelée modularité multi-résolution, permet de spécifier l'ordre de grandeur des communautés cherchées via un paramètre. Mais une étude récente [53] montre que ces approches ne sont pas capables d'identifier la bonne partition du réseau dans des cas réalistes et que par conséquent cette modularité multi-résolution ne résout pas les problèmes de la maximisation de la modularité des applications pratiques. Le problème est que la maximisation de modularité n'a pas seulement tendance à fusionner les petits groupes, mais aussi à éclater des grandes communautés, et il semble pratiquement impossible d'éviter simultanément les deux problèmes.

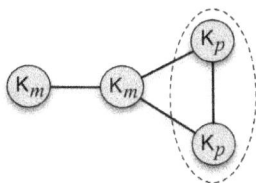

FIGURE 2.5 – Un graphe formé de deux cliques de taille m et deux cliques de taille p. Si $p << m$ (e.g. $p = 5$, $m = 20$), les deux petites cliques K_p de taille p sont réunies en une seule communautés, bien qu'il n'y ait qu'un lien entre elles.

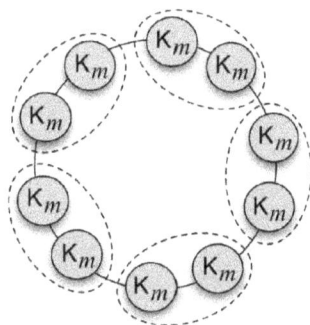

FIGURE 2.6 – Un graphe formé de n cliques de taille m. Bien que l'intuition consisterait à identifier chaque clique K_m comme une communauté, l'optimisation de la modularité les regroupe deux par deux, puis trois par trois, etc. Par exemple pour $n = 10$ cliques de taille $m = 3$ nous avons $Q = 0.650$ si les cliques sont isolées et $Q = 0.675$ si elles sont regroupées deux par deux.

Non-déterminisme et significativité

La maximisation de modularité est un problème NP-difficile [23], et on ne peut donc chercher que des solutions approchées à l'aide de méthodes heuristiques. Cependant, dans les grands graphes, il existe un grand nombre de maxima locaux de la modularité qui sont très proches de la modularité maximale et correspondent pourtant à des partitions très différentes [43]. Il n'y a généralement pas de raison de préférer l'une à l'autre. Nous étudierons ceci dans la suite de ce travail.

Pour déterminer si la structure trouvée est statistiquement significative, Karrer et al. [49] montrent que la significativité de la structure communautaire peut être effectivement quantifié par la mesure de sa robustesse aux petites perturbations dans la structure du réseau. Ils proposent une méthode pour perturber des réseaux et une mesure pour calculer la variation de la structure communautaire obtenue après la perturbation. Cette mesure est utilisée pour évaluer la significativité de la structure communautaire.

Dans [8], les auteurs montrent que malgré la popularité de la modularité, la significativité des résultats obtenus avec des algorithmes basés sur celle-ci n'est pas évidente. En effet, une petite perturbation du graphe peut influer grandement sur la sortie de tels algorithmes. Ceci est directement lié à l'aspect non-déterministe des algorithmes : une petite perturbation, voire pas de perturbation, peut amener un algorithme dans un autre maximum local.

Communautés dans les graphes aléatoires

Les algorithmes de détection de communautés peuvent trouver des communautés avec une modularité élevée dans les graphes n'ayant aucune structure communautaire intrinsèque, notamment les graphes aléatoires [45]. Ainsi, il est montré qu'il est possible de trouver des partitions ayant une modularité de l'ordre de $\sqrt{\frac{1}{\lambda}}$ indépendamment de la taille du graphe, où λ est le degré moyen du graphe. En outre, il est montré que les graphes aléatoires creux tendent à se regrouper en plusieurs petites communautés, alors que pour les graphes aléatoires denses, la modularité maximale est atteinte pour un très petit nombre de grandes communautés seulement, qui est alors indépendante du degré moyen du réseau [75].

D'autres études du même type montrent la présence de communautés, ou du moins l'existence de partition ayant une forte modularité dans des graphes où une telle structure n'existe clairement pas [28].

2.3.5   Applications

Malgré tous ces problèmes, la connaissance de la structure communautaire d'un réseau a de nombreuses applications pratiques. Les communautés permettent de donner une vue macroscopique sur la structure des graphes en identifiant et en regroupant les sommets qui jouent potentiellement des rôles similaires. Parmi ces applications, nous en décrivons certaines qui semblent être les plus pertinentes :

Comprendre la structure des réseaux

La grande taille et la complexité naturelle des graphes de terrain sont les principaux obstacles à la compréhension de leur structure. Par exemple, Facebook a plus de 800 millions d'utilisateurs actifs, le réseau de téléphonie mobile Vodaphone a environ 200 millions de clients et Google connaît plus d'un trillion d'URLs distinctes. Le but principal des algorithmes de détection de communautés est réduire cette complexité afin de révéler les propriétés et les relations entre les acteurs d'un réseau qui ne sont pas disponibles à partir d'une observation ou d'une mesure directe.

Par exemple, Blondel et al. [19] ont analysé un réseau de communications téléphonique entre les utilisateurs d'un opérateur belge. Le réseau est modélisé par un graphe ayant $2,6$ millions de sommets représentant les utilisateurs et les liens sont pondérés par la durée cumulative des appels téléphoniques entre les utilisateurs pendant une durée d'observation. L'identification des communautés sur ce réseau exhibe six niveaux hiérarchiques. Le plus haut niveau est constitué de 261 groupes de plus de 100 utilisateurs, qui sont clairement disposés en deux groupes principaux, linguistiquement homogènes, mettant en lumière la séparation linguistique (français, néerlandais, allemand et anglais) de la population belge (voir la figure 2.7).

Détecter des communautés d'intérêt

Une *communauté d'intérêt* est un groupe de personnes qui partagent les mêmes intérêts. Les membres d'une communauté ayant des intérêts communs et/ou partageant des rôles similaires dans un système peuvent être généralement traités de la même manière. Pour cette raison, de nombreuses tâches d'analyse de données et des services dérivés bénéficient de la structure communautaire du réseau. Nous présentons en annexe A des travaux qui associent détection de communautés et visualisation et qui permettent d'identifier des groupes pertinents.

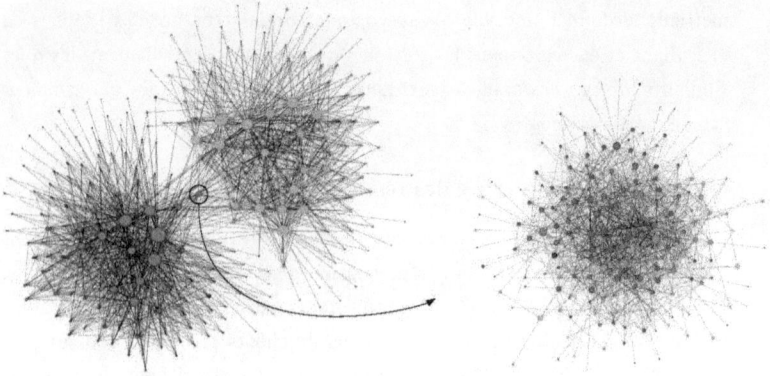

FIGURE 2.7 – Structure communautaire d'un réseau social de communications téléphoniques en Belgique (Extrait de [19]). Les points indiquent les sous-communautés au niveau hiérarchique le plus haut (uniquement celles avec plus de 100 personnes) et sont coloriés du rouge au vert pour représenter la fraction des langues parlées dans chaque communauté (rouge pour le français et le vert pour le néerlandais). Les communautés des deux grands groupes sont linguistiquement homogènes, avec plus de 85% des personnes parlant la même langue. Une seule communauté (à droite), se trouvant à la frontière entre les deux agrégats principaux, a une répartition plus équilibrée des langues.

Détecter des fonctions inconnues

Il est aussi possible d'identifier des fonctions inconnues d'un acteur du réseau en fonction de la communauté à laquelle il appartient. Par exemple, dans les réseaux biologiques, les communautés peuvent correspondre à des modules fonctionnels dans lesquels les membres d'un module fonctionnent de manière cohérente pour effectuer les tâches cellulaires essentielles, même si les interactions peuvent se produire à différents moments et différents endroits [82]. Une fois les modules (communautés) de tels réseaux identifiés, il est alors possible de classer les protéines dont la fonction est inconnue, en déterminant le module auquel elles appartiennent [68].

Système de recommandation

La détection de communautés a aussi trouvé des applications dans le domaine des systèmes de recommandation [70, 80, 29, 78, 61]. Supposons que deux utilisateurs d'un réseau social en ligne (comme par exemple Facebook) appartiennent à la même communauté, bien qu'il n'y ait pas de lien explicite entre eux. Le système peut alors leur recommander de mettre en place un tel lien. Ce service appelé *la suggestion d'amis* se trouve dans de nombreux réseaux sociaux en ligne. De façon similaire, si deux contenus (livres ou pages web, par exemple) appartiennent à la même communauté, alors le système peut recommander aux utilisateurs qui ont apprécié le premier contenu de regarder ou d'acheter aussi le deuxième. Par exemple, sur le site Amazon, lorsqu'un internaute consulte un livre le système lui propose automatiquement des livres voisins.

Visualisation

La visualisation est une aide précieuse pour comprendre et analyser des données. Cependant, les outils actuels de visualisation de graphes sont généralement incapables de traiter des graphes de grande taille, ce qui est le cas commun pour les graphes de terrain. De plus, l'œil humain a du mal à distinguer les graphes complexes ayant beaucoup de sommets et de liens. Une des solutions pour pallier ce problème est de réaliser une visualisation au niveau de communautés au lieu de visualiser le graphe original. Cela donc peut révéler la structure globale des données en réduisant la complexité du graphe de façon à ce qu'il puisse être facilement interprété par l'oeil humain. Dans certains outils de visualisation [12], cet aspect est pris en compte. Cette possibilité sera décrite plus en détail dans l'annexe A.

Parallélisation des calculs

Il parait envisageable dans certain cas de tirer parti de la structure en communautés pour réduire la complexité en temps de calcul de certains algorithmes. En effet, le partitionnement d'un graphe en communautés devrait pouvoir permettre de paralléliser les calculs en effectuant des calculs séparés moins coûteux sur chaque communauté avant de fusionner les résultats. Nous n'avons pas connaissance à l'heure actuelle d'approches de ce type.

2.4   Réseaux étudiés

Nous avons étudié dans ce livre plusieurs réseaux artificiels et réseaux issus
du monde réel. Le tableau 2.1 indique le nombre de sommets et de liens dans
chaque réseau en indiquant s'ils ont une structure communautaire connue ou
pas. L'existence d'une structure communautaire identifiée permet de valider
les résultats des algorithmes de détection en les confrontant à une réalité de
terrain et pas seulement par le biais d'une fonction de qualité. Nous décrivons
maintenant ces réseaux brièvement.

2.4.1   Réseaux réels

Réseau	n	m	Communautés connues
Club de karaté	34	78	oui
Livres	100	441	oui
Football	115	616	oui
Chercheurs (NetSci)	379	914	non
Email	1 133	5 451	non
Protéome	4 973	21 818	oui
Collaboration	13 861	44 619	non
Internet	22 963	48 436	non

TABLE 2.1 – Réseaux étudiés dans ce livre. Pour chacun, nombre de sommets
n, nombre de liens m et existence d'une structure communautaire connue
indépendamment.

Club de karaté du Zachary : Les relations entre 34 membres d'un club
de karaté sont observées sur une période de deux ans [89]. En raison d'un
désaccord entre l'administrateur du club et l'instructeur du club, l'instructeur
a fondé un nouveau club et la moitié des membres du club d'origine sont parti
avec lui. Le réseau est donc constitué de deux groupes. Il faut noter qu'il est
impossible de détecter exactement les deux groupes sur des bases topologiques
car un individu qui était clairement identifié dans un groupe a fait le choix de

partir dans l'autre groupe au dernier moment car il devait passer sa ceinture
noire de judo dans les semaines suivant la séparation et ne pas faire ce choix
aurait impliqué qu'il recommence son apprentissage à zéro.

Livres sur la politique américaine : Ce réseau est collecté par V. Krebs [2]
et contient des livres sur la politique américaine vendus par le libraire en ligne
Amazon.com. Les liens entre les livres représentent l'achat de livres par des
acheteurs ayant utilisé l'option du site Amazon indiquant "Les clients ayant
acheté ce livre ont également acheté ces autres livres". Les livres ont aussi été
classifiés manuellement en trois groupes notamment "libérales", "neutres",
ou "conservateurs". Ces classifications ont été affectées séparément par Mark
Newman d'après les descriptions et les commentaires sur les livres sur Amazon [3].

Football : Ce réseau est un réseau de rencontres de 115 équipes de football
américain composée de 12 "conférences" régionales correspondant aux différentes ligues dans lesquelles les équipes se rencontrent plus fréquemment [42]

NetSci : Ce réseau est la composante géante d'un réseau de collaboration
entre chercheurs travaillant sur l'analyse des réseaux [65]. Le réseau est construit
à partir des bibliographies des deux surveys sur les réseaux, [63, 20], avec
quelques références supplémentaires ajoutées manuellement par l'auteur.

Réseau d'Emails : Ce réseau reflète les flux de messages électroniques échan-
gés entre les membres de l'Université de Rovira i Virgili (Espagne) [44]. Ce
réseau a une seule composante connexe où chaque adresse email est identifiée
par un sommet et un message envoyé de i vers j est représenté par un lien
non orienté et non pondérée (i, j).

Réseau de Protéome : Nous avons aussi étudié le réseau de protéome :
les sommets sont des protéines et il existe un lien lorsque deux protéines
peuvent interagir. Plus précisément, nous avons choisi le réseau de la levure
de boulanger, car les données sont abondantes sur cet organisme et permettent
de valider les décompositions calculées [77].

Réseau de collaboration cond-mat : Il s'agit d'un réseau de collaboration
entre scientifiques [62] construit à partir de bases de données bibliographiques.

---

2. http://www.orgnet.com

3. La classification est disponible en ligne sur le site de Mark Newman http://
www-personal.umich.edu/~mejn/netdata

Les sommets du graphe représentent les scientifiques qui sont reliés s'ils ont
co-écrit un article.

Réseau de l'Internet : Ce réseau est une capture de la structure de l'Internet
au niveau des systèmes autonomes, reconstruit à partir des tables BGP de
archive.routeviews.org. Ce snapshot a été créé par Mark Newman à partir des
données du 22 juillet 2006.

2.4.2   Réseaux artificiels

Nous avons aussi étudié des réseaux artificiels de test qui sont construits
pour avoir une structure communautaire clairement identifiée. Nous avons
choisi d'étudier les graphes construits par le modèle de Girvan et Newman
[42] qui est le plus simple.

Ce modèle génère des graphes ayant 128 sommets répartis en 4 groupes de
32 sommets. Chaque sommet possède 16 liens parmi lesquels z_{out} liens sont
vers l'extérieur et $16 - z_{out}$ liens sont vers son propre groupe. Le paramètre
z_{out} permet donc de spécifier dans quelle mesure on souhaite que les groupes
soient clairement identifiés ou plutôt mélangés : plus z_{out} est élevé, moins les
groupes seront marqués et plus leur identification sera difficile. La figure 2.8
montre un exemple de deux graphes, un construit avec un $z_{out} = 2$ où les
groupes sont très marqués et l'autre avec un $z_{out} = 8$ où les groupes sont très
mélangés.

Il existe d'autres modèles plus complexes de génération de graphes avec
une structure communautaire prédéfinie. Nous avons fait le choix de nous
limiter à ce modèle simple qui complète bien l'éventail de réseaux réels que
nous avons choisi.

2.5   Conclusions

Nous avons vu que la plupart des algorithmes de détection de communautés utilisent des méthodes heuristiques qui conduisent à différentes partitions
ayant généralement une qualité similaire de sorte qu'il n'y a pas de raison de
préférer l'une à l'autre. Cela a pour conséquence que les résultats obtenus avec
ces algorithmes ne sont pas toujours significatifs. De plus, ils peuvent trouver
des partitions en communautés avec une modularité élevée dans des graphes

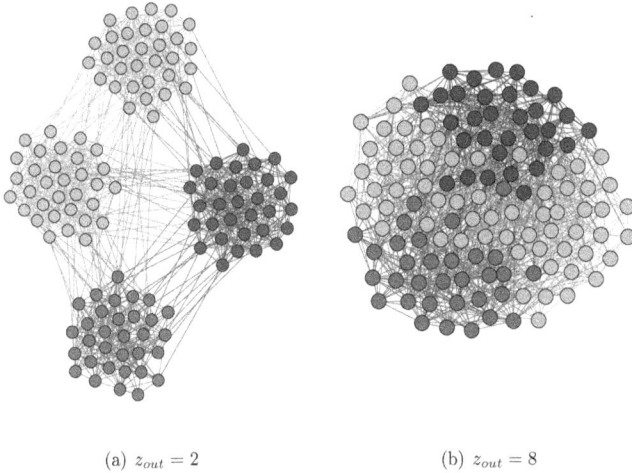

(a) $z_{out} = 2$ (b) $z_{out} = 8$

FIGURE 2.8 – Exemple de graphes aléatoires avec le modèle de Girvan-Newman, pour $z_{out} = 2$ et $z_{out} = 8$. Les couleurs identifient les 4 groupes de sommets prédéfinis.

n'ayant pourtant aucune structure communautaire, notamment les graphes aléatoires.

Afin de pallier ces problèmes et de tirer avantage du non-déterminisme, nous supposons ici que si plusieurs algorithmes de détection de communautés ou plusieurs exécutions d'un même algorithme non-déterministe se mettent d'accord sur certains ensembles de sommets en les classifiant toujours de la même manière, alors ces ensembles de sommets peuvent être considérés comme significatifs. Nous allons dans la suite montrer comment calculer ces groupes, et nous verrons ensuite que cette définition a de nombreux avantages, notamment qu'elle met en évidence l'inexistence de communautés réelles dans les graphes aléatoires et qu'elle permet de faire du suivi de communautés dynamiques de manière plus correcte.

CHAPITRE 3

Cœurs de communautés

Nous avons présenté précédemment les méthodes classiques pour la détection de communautés ainsi que la validation qui est faite en général en se basant sur une mesure de qualité telle que la modularité. Malgré la popularité de cette mesure, elle a pour défaut principal qu'il existe de nombreuses partitions très différentes ayant une modularité similaire. Ainsi, différents algorithmes ou un même algorithme avec des conditions initiales différentes vont en général donner des partitions très différentes, bien que de qualité comparable. La significativité des communautés obtenues par ces algorithmes n'est alors pas évidente et trouver "la bonne partition" relève alors du challenge car il n'en existe pas d'unique.

Nous proposons ici une approche orthogonale qui consiste à voir ce non-déterminisme comme une force. En effet, bien que les différents résultats de l'exécution d'un algorithme non-déterministe sur un même graphe soient différents, ils présentent en général des points communs comme nous le montrerons plus loin. L'étude de ces points communs fournit des informations fortes sur les zones du graphe qui sont très robustes aux changements d'algorithme ou de conditions initiales. Nous étudions une méthodologie basée sur ce principe dans ce chapitre.

3.1 Approches similaires

Plusieurs études ont déjà tenté de combiner différentes partitions afin d'obtenir les communautés consensuelles contenant des ensemble de sommets plus stables et plus significatives. Les deux méthodes principalement utilisées sont la perturbation du réseau et la modification de la configuration initiale.

Perturbation du réseau.

Comme la plupart des algorithmes de détection de communautés sont déterministes, une approche classique consiste à ré-échantillonner le réseau original en effectuant de petits perturbations sur le réseau. Ensuite, les communautés sont détectées dans chaque échantillon du réseau, puis agrégées afin
d'obtenir les communautés consensuelles. Plusieurs méthodes de perturbation
du réseau ont déjà été proposées. Par exemple, dans [49], les auteurs enlèvent
une fraction des liens α et les remettent entre des paires de sommets (i, j)
choisis avec une probabilité $d(i)d(j)/2m$, qui est la probabilité de connexion
entre ces deux sommets dans un graphe aléatoire (plus de détails seront données dans le chapitre 4), c'est-à-dire avec l'objectif de conserver au maximum
la distribution des degrés. Si $\alpha = 0$, aucun lien n'est déplacé et ce processus
préserve le réseau d'origine. Au contraire si $\alpha = 1$ tous les liens sont déplacés
et le processus génère un graphe aléatoire respectant la distribution de degrés
originale.

Une autre technique de ré-échantillonnage proposée est d'ajouter du bruit
sur les poids de liens, i.e. de changer légèrement les poids des liens. Par
exemple, dans [76] il est proposé de changer le poids des liens à partir d'une
distribution en loi de Poisson dont le paramètre est le poids moyen du graphe
original. Plus précisément, pour créer un échantillon G^* du réseau G, le poids
de chaque lien w_{ij} devient w_{ij}^* où w_{ij}^* est tiré suivant une loi de Poisson de
paramètre $< w >$. Ensuite, un algorithme de détection de communauté est
appliqué à un grand nombre (≈ 1000) d'échantillons du réseau. Enfin, des
ensemble maximaux de sommets dans chaque communauté du réseau original qui ont été ensemble dans au moins 95% des échantillons sont identifiés
comme significatifs. La figure 3.1 illustre un exemple d'aggrégation à partir
des communautés et de quatre échantillons du réseau.

Dans [40], le bruit ajouté sur le poids d'un lien entre i et j, initialement
égal à w_{ij}, est donné par une distribution entre $-\sigma w_{ij}$ et σw_{ij}, où σ est un
paramètre constant, $0 < \sigma < 1$. Un algorithme de détection de communautés
est ensuite appliqué à chaque échantillon du réseau afin de créer des partitions différentes. Ensuite, pour tous les sommets adjacents i et j, la fréquence
d'appartenance de i et j à la même communauté dans plusieurs partitions
appelé "in-cluster probability", noté p_{ij}, est calculé. Puis les liens ayant un

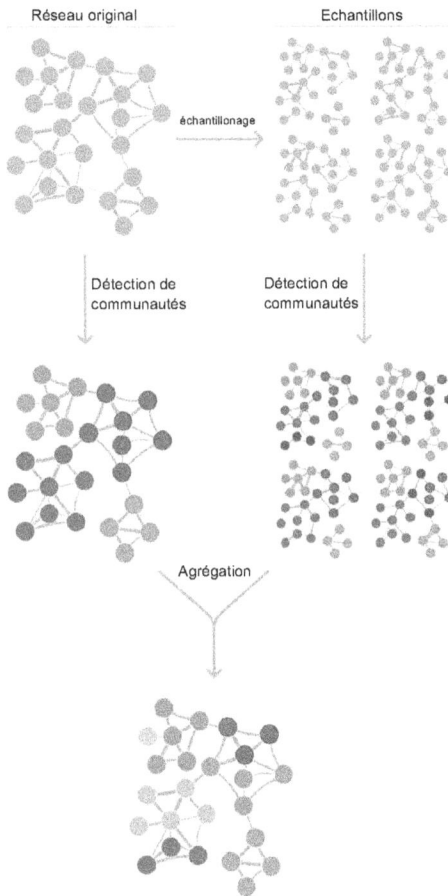

FIGURE 3.1 – Un exemple de réseau à partir duquel quatre échantillons sont générés (Extrait de [76]). Les communautés sont identifiées sur chacun des cinq graphes puis sont agrégées afin d'obtenir une partition consensuelle.

p_{ij} inférieur à un seuil θ (la valeur utilisé est $\theta = 0.8$) sont enlevés, ce qui conduit à un nouveau réseau souvent déconnecté. Finalement, les composants connexes de ce nouveau réseau sont identifiées avec les communauté de la par-

tition du réseau original, et les sommets qui se trouvent entre communautés
sont identifiés (voir la figure 3.2).

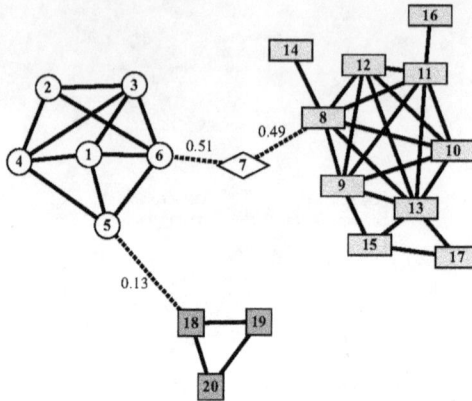

FIGURE 3.2 – Méthode de [40] avec $\sigma = 0.5$ appliquées sur un réseau jouet
avec un sommet instable (7). Les groupes de sommets obtenus sans bruit sont
étiquetés avec des couleurs différentes. Seules les probabilités $p_{ij} < 0,8$ sont
représentées (arêtes en pointillés).

L'idée proposée pour la stabilité d'une communauté est de comparer les
p_{ij} de liens à l'intérieur d'une communauté avec les p_{ij} de liens autour de cette
communauté. Par exemple, si tous les liens à l'intérieur d'une communauté
ont une probabilité $p_{ij} = 1$ et tous les liens reliant cette communauté à ses
voisines ont des probabilités $p_{ij} = 0$, nous pouvons conclure que le cluster est
très stable. D'un point de vue global, la stabilité d'une partition peut être
calculée par :

$$S = \frac{-1}{m} \sum_{i,j} \{p_{ij} \log_2 p_{ij} + (1 - p_{ij}) \log_2(1 - p_{ij})\}.$$

Une faiblesse de la méthode par Gfeller et al. est qu'elle repose sur les
paramètres σ et θ, dont les valeurs sont en principe arbitraires. De plus, les
auteurs ne considèrent que des paires de sommets adjacents. Nous verrons plus
loin qu'il peut exister des sommets avec une forte tendance à être ensemble
sans pourtant qu'il y ait de lien direct entre eux. De plus, dans ces études

la comparaison a été faite avec une partition du réseau original, alors que la significativité de cette partition n'est pas évidente.

Il existe également des approches similaires en fouille de données dans lesquelles les résultats de plusieurs *clusterings* sont combinés afin d'obtenir un regroupement consensuel plus significatif, voir par exemple [37, 18].

Modification de la configuration initiale

L'approche consistant à modifier la configuration initiale d'un algorithme non-déterministe pour obtenir des résultats consensuels à partir de plusieurs exécutions a aussi été utilisée pour des objectifs différents. Par exemple dans [73], cette méthode est utilisé pour identifier des communautés recouvrantes. Dans [51] une des méthodes proposées pour détecter les communautés dans des réseaux multi-échelle est de modifier l'algorithme d'optimisation de modularité en profitant de la dépendance de tels algorithmes à leur configuration initiale, par exemple l'ordre des sommets.

Dans ce livre, nous allons nous baser sur la seconde approche consistant à modifier la configuration initiale d'un algorithme non-déterministe de détection de communautés. Nous irons au delà de l'état de l'art sur plusieurs points :

- nous ne fixerons pas de seuil de stabilité pour indiquer qu'une partition est significative. Au contraire nous étudierons l'intégralité des valeurs possibles ;
- nous ne nous restreindrons pas aux paires de sommets connectées mais étudierons toutes les paires de sommets et nous montrerons en particulier qu'il est possible de trouver des paires de sommets non connectés mais ayant une forte propension à être regroupées ;
- nous montrerons que cette méthodologie permet de montrer l'inexistence de communautés stables sur des graphes aléatoires ;
- enfin, nous montrerons qu'il est possible de rendre les algorithmes beaucoup plus stables, notamment pour l'étude de communautés dynamiques.

3.2   Méthodologie

Nous définissons des cœurs de communautés comme des ensembles de sommets qui appartiennent toujours ou avec une forte probabilité à une même communauté au cours de multiples exécutions d'un algorithme non-déterministe de détection de communautés. La fréquence d'appartenance d'une paire de sommets à la même communauté indique leur tendance à être ensemble.

3.2.1   Algorithme de détection des cœurs

Soit un graphe $G = (V, E)$ ayant $n = |V|$ sommets. Nous appliquons $\mathcal{N}$ fois un algorithme non-déterministe de détection de communautés à G. A chaque exécution, chaque paire de sommets $(i, j) \subseteq V \times V$ peut être classifiée dans la même communauté ou dans les communautés différentes. Il est alors possible de définir une matrice de taille $n \times n$, que nous noterons $P_{ij}^{\mathcal{N}} = [p_{ij}]_{n \times n}^{\mathcal{N}}$, telle que les éléments p_{ij} de cette matrice représentent la fréquence d'appartenance de i et j à la même communauté après $\mathcal{N}$ exécution. Cette matrice est symétrique ($p_{ij} = p_{ji}$) et $p_{ii} = 0$.

A partir de $P_{ij}^{\mathcal{N}}$, nous construisons un nouveau graphe $G' = (V, E')$, que nous appelons le *graphe virtuel*, dont les sommets sont les sommets du graphe G et dans lequel deux sommets i et j sont reliés si $p_{ij} > 0$, avec un poids égale à p_{ij}. Ce graphe représente la tendance de co-appartenance à des communautés. Des sommets qui sont liés dans G' ne sont donc pas nécessairement connectés dans le graphe original.

Finalement, étant donné un seuil $\alpha \in [0; 1]$, on supprime tous les liens de poids $p_{ij} < \alpha$ de G' pour obtenir le *graphe virtuel seuillé*. Les composantes connexes dans G' avec un seuil α sont les α-cœurs de communautés. L'algorithme 2 présente une version en pseudo code. Dans la suite nous utiliserons à certains moments ce graphe seuillé mais nous travaillerons aussi beaucoup sur la matrice $P_{ij}^{\mathcal{N}}$ ou de manière équivalente sur le graphe G'.

La figure 3.3 illustre un exemple de la procédure de détection de cœurs de communautés.

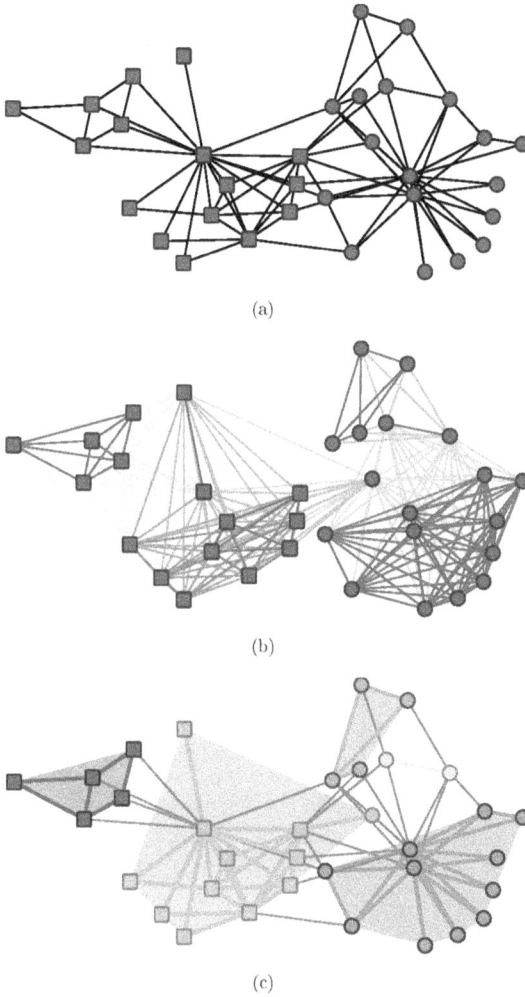

(a)

(b)

(c)

FIGURE 3.3 – Procédure de detection de cœurs : (a) Le graphe original ; (b) Le graphe virtuel accentuant la structure communautaire : le poids d'un lien (i, j) est donné par p_{ij} ou p_{ij} est la fréquence d'appartenance de i et j à la même communauté. (c) Les cœurs de communautés (les composantes connexes du graphes virtuel après la suppression des lien "moins importants" ($p_{ij} < \alpha$) du graphe virtuel).

Algorithme 2 Pseudo-code de l'algorithme de détection de cœurs de communautés.

1: $G = (V, E)$ le graphe initial, α le seuil, $\mathcal{N}$ le nombre d'exécutions
2: Appliquer $\mathcal{N}$ fois un algorithme non-déterministe de détection de communautés à G
3: Créer la matrice $P_{ij}^{\mathcal{N}}$ où p_{ij} est la fréquence d'appartenance de i et j à la même communauté
4: Créer un graphe complet et pondéré $G' = (V, E', W)$ où $w_{i,j} = p_{ij}$
5: Enlever tous les liens de G' possédant un $p_{ij} < \alpha$ pour obtenir G''
6: Les composantes connexes dans G'' sont les α-*cœurs de communautés*

3.2.2 Paramètres de l'algorithme

Nous présentons maintenant quelques réflexions concernant le choix des différents paramètres de l'algorithme :

– le choix de l'algorithme de détection de communautés ;
– le nombre d'exécutions ;
– le choix du seuil.

Algorithme de detection de communauté choisi

Le choix de l'algorithme est assez important dans notre méthodologie car nous devons être capables de l'exécuter de nombreuses fois afin de trouver les accords éventuels entre les partitions, et ceci sur des graphes de grande taille. De plus, l'algorithme devrait être non-déterministe afin de ne pas avoir à modifier le graphe en entrée pour obtenir des résultats différents.

Pour ces différentes raisons, nous avons utilisé l'algorithme de Louvain [19] qui remplit toutes ces conditions : il est beaucoup plus rapide que la majorité des autres approches tout en fournissant des partitions de qualité équivalente ou supérieure [52] et il est non-déterministe. Nous avons malgré tout testé d'autres algorithmes sur des graphes tests afin de nous assurer que le choix de l'algorithme n'avait pas un impact trop fort sur les résultats. La figure 3.4 présente une comparaison de la distribution cumulée des valeurs de la matrice $P_{ij}^{\mathcal{N}}$ entre l'algorithme de Louvain et Walktrap avec différents paramètres. Nous avons comparé ces distributions en utilisant deux mesures simples que nous expliquons maintenant brièvement :

Distance de Kolmogorov-Smirnov

La distance de Kolmogorov-Smirnov (KS distance) [25] mesure la distance ou l'écart maximal entre les valeurs correspondantes dans les deux distributions. Cette distance varie entre 0 et 1 et plus elle est proche de zéro, plus les deux distributions sont similaires. Plus précisément, soit X et Y deux distributions cumulatives normalisées, la distance K-S entre X et Y peut être calculée par :

$$KS(X,Y) = \max_r |X_r - Y_r|$$

Distance de Monge-Kantorovich

La distance de Monge-Kantorovich (MK distance) [39] mesure l'écart moyenne de toutes les valeurs correspondantes dans les deux distributions. Elle permet de savoir si les distributions comparées diffèrent sur un grande intervalle de valeurs ou seulement un seul point. Cette distance varie aussi entre 0 et 1 et plus elle est proche de zéro, plus les deux distributions sont similaires. Soit X et Y deux distributions cumulatives normalisées, la distance M-K entre X et Y peut être calculée par :

$$MK(X,Y) = \frac{\sum_r |X_r - Y_r|}{r_{max}}$$

Cette distance est moins sensible que la distance K-S à des différences très localisées entre les distributions.

La figure 3.5 précise la similarité entre les distributions présentées sur la figure 3.4 en calculant les distances (KS et MK) entre ces distributions.

Nombre d'execution

Nous pouvons estimer la variation des p_{ij} après chaque itération de notre algorithme (exécution de l'algorithme de détection de communauté choisi) en calculant la distance euclidienne entre les différentes valeurs de p_{ij} en fonction du nombre d'exécutions ($\mathcal{N}$) [73]. La variation des p_{ij} à $\mathcal{N}+1$ par rapport à ceux à $\mathcal{N}$ peut être calculée par :

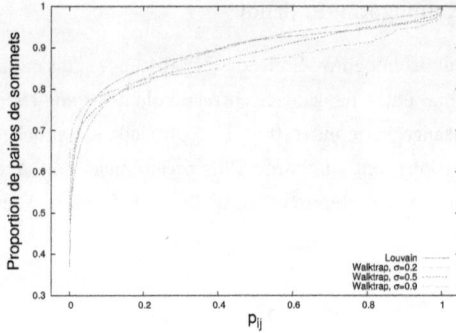

FIGURE 3.4 – Comparaison des algorithmes de Louvain et Walktrap pour les distributions de p_{ij} sur le réseau d'Emails.

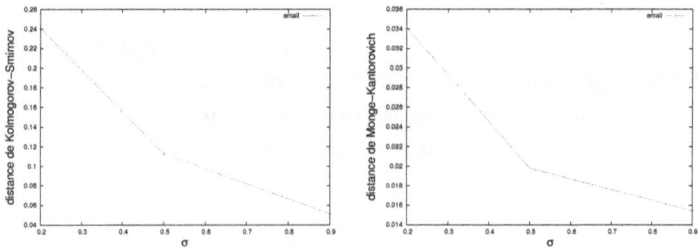

FIGURE 3.5 – Distance entre les distributions de p_{ij} entre les algorithmes de Louvain et Walktrap en fonction de σ sur le réseau d'Emails.

$$\|P_{ij}^{\mathcal{N}+1} - P_{ij}^{\mathcal{N}}\| = \sqrt{\frac{1}{\binom{n}{2}} \sum_{i=1}^{n} \sum_{j=i+1}^{n} (p_{ij}^{\mathcal{N}+1} - p_{ij}^{\mathcal{N}})^2} \qquad (3.1)$$

Comme la figure 3.6 l'illustre, on peut observer que les p_{ij} convergent lorsque le nombre d'exécutions augmente (l'échelle étant doublement logarithmique, la décroissance est polynomiale). Il est donc possible soit de fixer le nombre d'itérations *a priori* à une valeur suffisamment grande, soit de cesser les itérations lorsque cette différence devient négligeable.

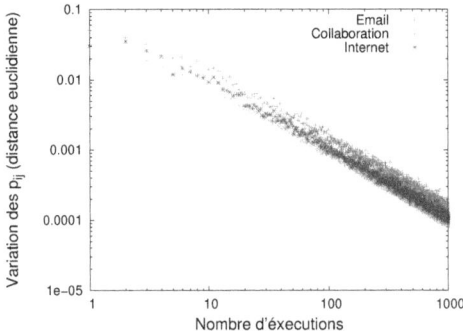

FIGURE 3.6 – Variations des p_{ij} en fonction du nombre d'exécutions pour trois graphes de terrain.

Seuil

Le seuil α a aussi une forte influence sur les résultats de l'algorithme. Il faut noter que l'algorithme proposé ne consiste pas à chercher des ensembles de sommets qui se connectent *tous* les uns aux autres avec un $p_{ij} \geqslant \alpha$. Deux raisons existent à cela : (i) le calcul de cœurs reviendrait alors à trouver des cliques dans le graphe G' ou G'', ce qui est un problème NP-complet et (ii) les cœurs pourraient alors se recouvrir qui n'est pas notre objectif.

En conclusion, étant donné un seuil α, il est possible d'avoir des paires de sommets dans un α-cœur qui sont reliés avec un p_{ij} inférieur à α comme la figure 3.7 l'illustre. En effet, le fait de garder les composantes connexes du graphe virtuel seuillé G''_α, implique qu'il existe un chemin composé de liens de poids $\geq \alpha$ entre tous les sommets d'un cœur, mais rien de plus.

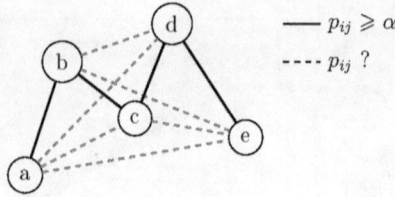

FIGURE 3.7 – Exemple d'un cœur. Les liens pleins ont tous un p_{ij} supérieur à α et assurent la connexité du cœur.

De manière générale, si α est la probabilité que deux sommets a et b soient regroupés dans la même communauté, et β la probabilité que deux sommets b et c soient regroupés dans la même communauté, alors la probabilité que a et c soient aussi classifiés dans la même communauté est au moins égale à $\alpha + \beta - 1$. Cette probabilité dans le cas de notre algorithme où $\alpha = \beta$ est donc $2\alpha - 1$ (voir la figure 3.8).

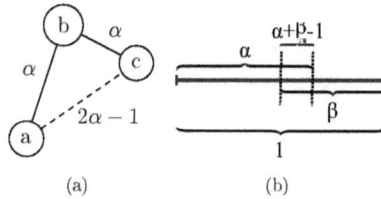

FIGURE 3.8 – (a) Étant donné trois sommets a, b et c, si a et b sont classés ensemble $\alpha\%$ du temps et que b et c sont classés ensemble $\alpha\%$ du temps, alors a et c le seront au moins $2\alpha - 1\%$ du temps. (b) Illustration du cas général avec deux valeurs distinctes α et β, auquel cas l'intersection vaut au minimum $\alpha + \beta - 1$.

Étant donné $G_c = (V_c, E_c)$ le sous-graphe d'un α-cœur et soit d le diamètre de G_c. On peut montrer simplement par récurrence que le minimum théorique de p_{ij} pour une paire de sommets dans G_c, noté p^* vaut :

$$p^* = \max(\alpha d - (d-1), 0). \tag{3.2}$$

En effet, pour $d = 2$:

$$p^* = 2\alpha - 1.$$

Supposons pour $d = n$:

$$p^* = \max(\alpha d - (d-1), 0).$$

Alors pour $d = n + 1$:

$$p^* = \max([\alpha d - (d-1)] + \alpha - 1, 0) = \max(\alpha(d+1) - d, 0).$$

Ainsi, le minimum théorique des p_{ij} à l'intérieur d'un α-cœur est une fonction du diamètre du cœur et de α uniquement. La figure 3.9 montre le minimum théorique des p_{ij}, ainsi que le vrai minimum des p_{ij} pour le réseau d'Emails. Cette figure indique que la borne inférieure est atteinte et en particulier que dans des réseaux réels les cœurs ont un diamètre suffisamment élevé pour qu'en choisissant de petites valeurs de α, on obtienne des paires de sommets appartenant à un même cœur alors que les sommets n'ont jamais été groupés ensemble.

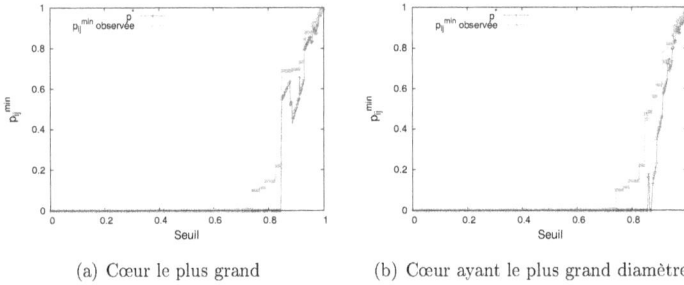

(a) Cœur le plus grand   (b) Cœur ayant le plus grand diamètre

FIGURE 3.9 – Comparatif entre le p_{ij} minimal observé et la borne inférieure calculée dans le réseau d'Emails pour (a) le cœur le plus grand et pour (b) celui ayant le plus grand diamètre en fonction de α.

3.3 Caractéristiques des cœurs

En nous basant sur la définition des cœurs présentée précédemment, nous allons maintenant nous attacher à décrire plus en détail leur structure dans plusieurs cas pratiques.

3.3.1 Distributions des p_{ij}

Tout d'abord, nous nous sommes intéressé aux distributions des fréquences des p_{ij} dans les matrices des $P_{ij}^{\mathcal{N}}$. Nous avons appliqué notre algorithme au graphe du club de karaté de Zachary. Les figures 3.10(a) et 3.10(b) montrent les distributions de la proportion de paires de sommets qui sont dans le même groupe au cours de $\mathcal{N} = 10^2$ et $\mathcal{N} = 10^5$ exécutions de l'algorithme de Louvain. La figure 3.11(a) présente les mêmes distributions sous forme cumulatives. Le point $(0,60875\,;\,0,0142)$ dans la courbe 3.10(b), par exemple, signifie qu'il y a $1,42\%$ de paires de sommets qui sont placées dans la même communauté $60,875\%$ du temps. On peut voir sur cet exemple que la majorité des paires sont presque toujours soit groupées soit séparées, mais il existe aussi quelques paires de sommets qui sont parfois ensembles et parfois séparées (voir la figure 3.11(a)). Ces sommets sont généralement décrits comme des sommets frontière car ils ne sont ni clairement ensemble, ni clairement séparés. Il faut noter que la distribution n'est pas la même selon le nombre d'itérations de l'algorithme, nous reviendrons sur ce point.

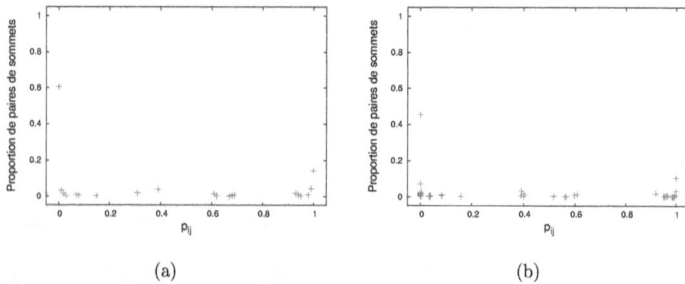

(a)　　　　　　　　　　(b)

FIGURE 3.10 – Distribution des p_{ij} pour le graphe de club de karaté de Zachary, pour (a) $\mathcal{N} = 10^2$ et (b) $\mathcal{N} = 10^5$.

Nous avons aussi appliqué notre algorithme à des graphes issus de domaines différents et de différentes tailles, notamment des réseaux de collaboration, des réseaux d'Emails et l'Internet. Comme la figure 3.11(b) l'illustre, nous observons que même sur les graphes de grande taille la majorité des paires sont jamais ensemble, et un nombre faible mais non négligeable de paires de sommets sont toujours ensemble. Nous reviendrons sur ce point plus loin.

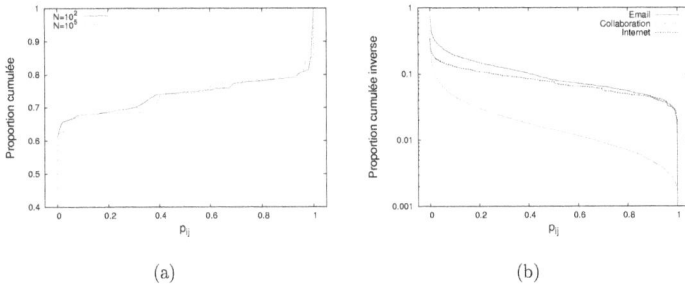

(a)   (b)

FIGURE 3.11 – (a) Distribution cumulative des p_{ij} pour le graphe de club de karaté de Zachary (voir figures 3.10(a) et 3.10(b) pour les versions non cumulatives). (b) Distribution cumulative inverse des p_{ij} pour les réseaux d'Emails, de collaboration et internet.

3.3.2 Impact de la modularité de réseau

Comme la figure 3.12 l'illustre, lorsque la modularité du réseau augmente, les communautés deviennent plus marquées, ce qui simplifie leur identification par l'algorithme de détection de communautés. Alors, le nombre d'accords entre plusieurs exécutions de l'algorithme de détection de communautés augmente, nous avons donc plus de 0 ou de 1 dans la matrice des p_{ij}, ce qui est un résultat logique.

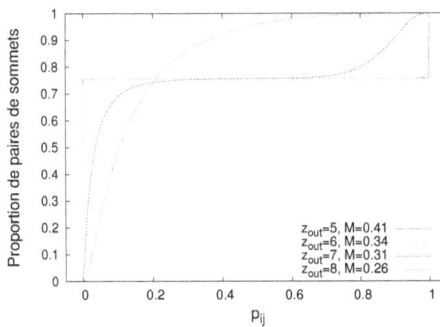

FIGURE 3.12 – Impact de la modularité de réseau sur les p_{ij}

3.3.3   Structure hiérarchique des cœurs

Lorsqu'on fait varier le seuil, le nombre de composantes connexes dans G'' varie aussi, ce qui induit une structure hiérarchique des cœurs. On peut calculer les différents niveaux de la hiérarchie en supprimant les liens du graphe virtuel $G' = (V, E', W)$ introduit dans l'algorithme 2 par ordre croissant. A chaque fois que la suppression d'un lien déconnecte une composante connexe, un nouveau niveau est créé dans le dendrogramme.

La figure 3.13 montre le dendrogramme du club de karaté pour deux valeurs de $\mathcal{N}$. Sur cette figure, la forme des sommets (ronde/carrée) représente la classification manuelle faite par Zachary. Comme on peut le voir, la division trouvée par l'algorithme avec $\mathcal{N} = 10^2$ et $\alpha = 0.32$ correspond presque parfaitement à ces groupes manuels. Il faut cependant noter que la division optimale pour ne se fait pas en deux cœurs mais en trois, mais que chacun des trois cœurs ne contient que des sommets du même groupe manuel, à l'exception du sommet 10 qui est mal classé [1]. A titre de comparaison le découpage optimal en termes de modularité est composé de quatre groupes.

Comme les dendrogrammes le montrent, le choix d'un $\mathcal{N}$ très élevé ne donne pas nécessairement de meilleurs résultats. En effet, lorsque le nombre d'exécutions augmente, la probabilité de tomber sur une partition de très mauvaise qualité augmente aussi. Nous aurons donc en général plus de découpages et plus de niveaux de hiérarchie quand $\mathcal{N}$ augmente. Ceci complexifie le choix du niveau optimal de découpage. Au contraire une valeur faible de $\mathcal{N}$ ne permet pas à l'algorithme de converger et les cœurs n'auront pas forcément de sens et seront affectés des mêmes défauts que les communautés elles-même (instabilité et manque de significativité notamment).

Les cœurs du graphe de Zachary, identifiés en utilisant quatre seuils différents, sont présentés sur la figure 3.14. Comme on peut le voir, les sommets à l'intérieur d'un cœur ne sont pas nécessairement liés dans le graphe d'origine. Par exemple, sur la figure 3.14(d), un cœur contenant les sommets 18, 20 et 22 est identifié avec un seuil $\alpha = 1.00$. Or, il n'y aucun lien direct entre ces trois sommets dans le graphe original. Le sous-graphe associé est représenté dans la figure 3.15, ces trois sommets étaient toujours ensemble avec, le sommet

---

1. Pour rappel, ce sommet ne peut pas être classé correctement car les choix de ce sommet sont contraires à ses relations sociales.

(a) $\mathcal{N} = 10^2$

(b) $\mathcal{N} = 10^5$

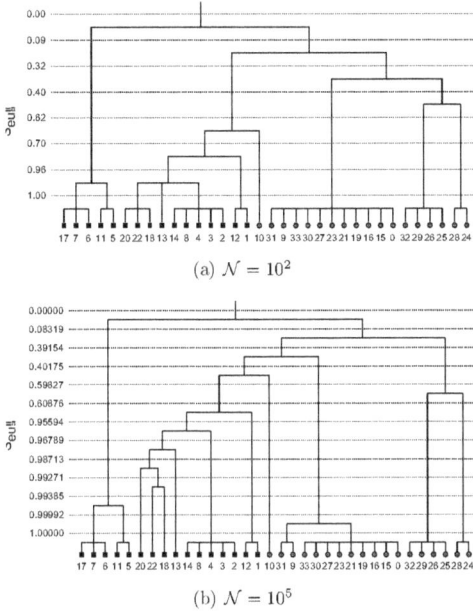

FIGURE 3.13 – Structure hiérarchique des cœurs de communautés pour le club de karaté de Zachary en fonction de $\mathcal{N}$: la forme des sommets (ronde/carré) représente la classification manuelle faite par Zachary ; la division trouvée par l'algorithme correspond presque parfaitement à ces groupes manuels : seul le sommet 10 est mal classé.

2 dans 99% des expériences et le sommet 1 dans 94% des expériences. Cette propriété est intéressante et montre que l'on peut identifier des groupes de sommets ayant une forte tendance à être ensemble et n'ayant pourtant aucun lien direct.

Cependant, comme la figure 3.16 l'illustre sur deux exemples, la majorité des paires de sommets ayant une valeur de $p_{ij} = 1$ sont des sommets reliés dans le graphe original, et inversement la majorité des paires de sommets ayant un $p_{ij} = 0$ correspondent à des sommets non reliés dans le graphe original. Plus précisément on observe sur ces deux exemples que la moitié environ des liens ont un $p_{ij} = 1$ ou très proche et que, au contraire, la majorité des non-liens

(a) $\alpha = 0.32$ (b) $\alpha = 0.62$

(c) $\alpha = 0.96$ (d) $\alpha = 1.00$

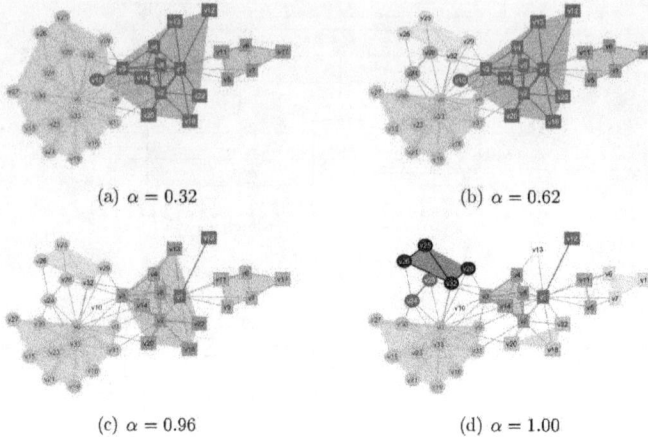

FIGURE 3.14 – Club de karaté de Zachary : cœurs identifiés en utilisant quatre seuils différents. les seuils choisis correspondent à des ruptures nettes dans la structure hiérarchique.

ont un $p_{ij} = 0$ ou très proche.

3.3.4 Nombre et taille des cœurs

Le choix du seuil α a une influence directe sur le nombre et la taille des cœurs. Comme les figures 3.17 et 3.18 l'illustrent, avec un seuil proche de zéro on obtiendra des cœurs de grande taille (parfois plus grands que les communautés mêmes) alors qu'un seuil très élevé conduira à des cœurs très petits et en particulier beaucoup de cœurs ne contenant qu'un seul sommet (dits cœurs

FIGURE 3.15 – Illustration d'un 1-cœur composé uniquement de sommets non reliés dans le graphe original (les sommets 18, 20 et 22). Le graphe présenté est extrait du graphe virtuel G' du club de karaté de Zachary. Il contient aussi les sommets 1 et 2 qui assurent la tenue du cœur.

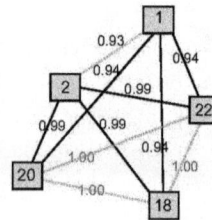

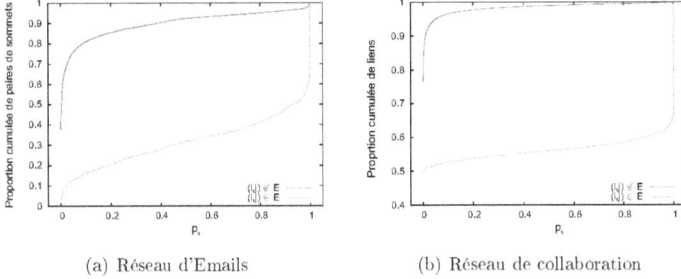

(a) Réseau d'Emails   (b) Réseau de collaboration

FIGURE 3.16 – Distribution cumulative des p_{ij} pour des paires de sommets avec ou sans lien direct dans le graphe original.

triviaux). Nous observons aussi sur la figure 3.19 qu'avec un seuil jusqu'à 0.5, nous avons un cœur géant contenant la grande majorité des sommets. Lorsque le seuil augmente, ce coeur va éclater rapidement en petits cœurs. De plus, sur certains réseaux réels comme celui de l'Internet ou le réseau d'emails nous avons toujours des grands cœurs contenant 10% des noeuds même avec un seuil égal à 1. Ceci est généralement le signe de communautés très marquées.

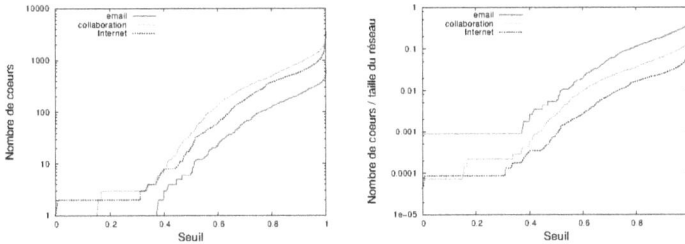

FIGURE 3.17 – Nombre de cœurs en fonction du seuil pour plusieurs réseaux réels.

3.3.5   Corrélations

Nous avons enfin essayé de trouver d'éventuelles corrélations entre les valeurs de p_{ij} et les propriétés topologiques des sommets ou des liens impliqués.

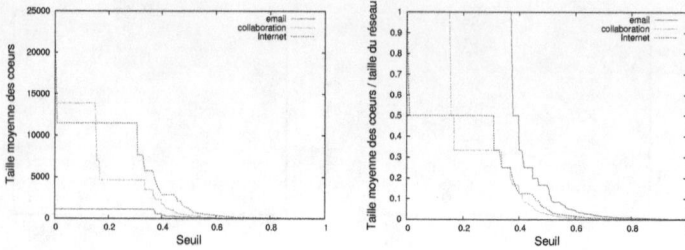

FIGURE 3.18 – Taille moyenne des cœurs en fonction du seuil pour plusieurs réseaux réels.

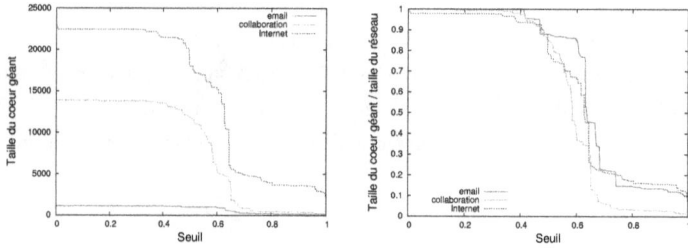

FIGURE 3.19 – Taille du cœur le plus grand en fonction du seuil pour plusieurs réseaux réels.

Nous avons testé des propriétés topologiques des liens comme la centralité d'intermédiarité des liens (*edge-betweenness* en anglais) ou centralité de flux (*edge-current-flow-betweenness* en anglais), ainsi que les propriétés topologiques des paires de sommets (i, j) comme le degré, coefficient de clustering, nombre de triangles, betweenness, closeness, load centrality, eigenvector centrality, eccentricity, etc. mais nous n'avons trouvé aucune corrélation, comme illustré par la figure 3.20 pour la centralité d'intermédiarité des liens et la centralité de flux des liens.

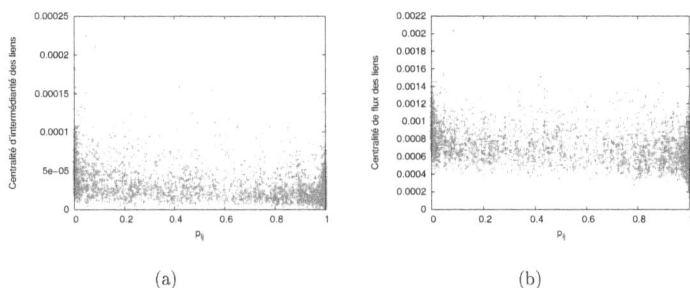

(a)   (b)

FIGURE 3.20 – Nuage de points entre les valeurs p_{ij} et (a) la centralité d'intermédiarité des liens et (b) la centralité de flux des liens. Aucune des deux courbes ne semble montrer de corrélations entre une forte valeur de p_{ij} et une forte valeur de centralité, ou l'inverse.

3.4 Significativité des cœurs

3.4.1 Méthodes d'evaluation de significativité

L'une des méthodes communes pour évaluer la significativité d'une partition est d'évaluer sa ressemblance à une classification issue de la réalité de terrain (*ground truth* en anglais) généralement faite "à la main" par un expert du domaine. Une partition sera d'autant meilleure qu'elle ressemblera plus à cette classification.

Un grand nombre de critères d'évaluation et de mesures de similarité entre deux partitions d'un même ensemble d'objets ont été proposées. Dans [71] une cinquantaine de ces mesures ont été étudiées et comparées. Le choix d'une mesure appropriée est par conséquent difficile à faire. Malgré tout, ces mesures peuvent être classifiées en deux catégories principales : les mesures basées sur le compte de paires et les mesures basées sur l'information mutuelle. Nous allons maintenant expliquer ces deux types de mesures sans rentrer trop profondément dans les détails.

Mesures basées sur le compte de paires

Soient $X = \{x_1, x_2, \ldots, x_N\}$ un ensemble de N objets et $U = \{U_1, U_2, \ldots, U_R\}$, $V = \{V_1, V_2, \ldots, V_C\}$ deux partitions de X. Les objets en commun entre deux partitions U et V peuvent être résumés sous la forme d'un tableau de contingences $M = [n_{ij}]_{R \times C}$ où n_{ij} désigne le nombre d'objets qui sont communs à U_i et V_j (voir le tableau 3.1).

$U \backslash V$	V_1	V_2	$\cdots$	V_C	somme
U_1	n_{11}	n_{12}	$\cdots$	n_{1C}	a_1
U_2	n_{21}	n_{22}	$\cdots$	n_{2C}	a_2
$\vdots$	$\vdots$	$\vdots$	$\ddots$	$\vdots$	$\vdots$
U_R	n_{R1}	n_{R2}	$\cdots$	n_{RC}	a_R
somme	b_1	b_2	$\cdots$	b_C	$\sum_{ij} n_{ij} = N$

TABLE 3.1 – Tableau de contingence entre deux partitions U et V d'un même ensemble de N objets. Les sommes a_i et b_j sont égales au nombre d'éléments dans les parties correspondantes U_i et V_j.

Plusieurs indices de similarité des partitions sont basés sur ce tableau de contingences. Lorsque l'on croise deux partitions, on va s'intéresser aux paires d'objets qui sont classifiés dans les mêmes clusters ou dans des clusters différents. Plus précisément, soit $S = \{(x_i, x_j) \in X \times X | i \neq j\}$ l'ensemble de $\binom{N}{2}$ paires possibles d'objets de X. Les paires d'objets dans S peuvent être représentées par les quatre types suivants :

- N_{11} (accord positif), le nombre de paires d'objets qui sont dans une même classe de U et dans une même classe de V ;
- N_{10} (désaccord), le nombre de paires d'objets qui sont dans une même classe de U et dans des classes distinctes de V ;
- N_{01} (désaccord), le nombre de paires d'objets qui sont dans des classes distinctes de U et dans une même classes de V ;
- N_{00} (accord négatif), le nombre de paires d'objets qui sont dans des classes distinctes de U et dans des classes distinctes de V.

Intuitivement, N_{11} et N_{00} peuvent être utilisés comme indicateurs d'accord entre U et V, tandis que N_{01} et N_{10} peuvent être utilisés comme indicateurs de désaccord. Un indice bien connu de cette classe est l'indice de Rand (Rand

Index) [74], défini simplement comme :

$$RI(U,V) = \frac{(N_{00} + N_{11})}{\binom{N}{2}} \qquad (3.3)$$

Cet indice varie entre 0 et 1 et prend la valeur 1 lorsque les deux partitions sont identiques, et 0 si aucune paire de points apparaissent soit dans le même cluster ou en différentes clusters dans les deux différents partitions, c'est-à-dire $N_{00} = N_{11} = 0$. Cela se produit uniquement lorsque l'un regroupement est constitué d'un seul cluster tandis que l'autre ne se compose que de clusters ne contenant qu'un seul sommet. Il serait souhaitable que l'indice de similarité entre deux partitions aléatoires prenne des valeurs proches de zéro, ou au moins une valeur constante. La valeur attendue de l'indice de Rand entre deux partitions aléatoires n'est pas une valeur constante. Pour ces raisons, Hubert and Arabie [48] ont proposé une version ajustée de l'indice de Rand (*Adjusted Rand Index* ou ARI en anglais) :

$$ARI(U,V) = \frac{2(N_{00}N_{11} - N_{01}N_{10})}{(N_{00} + N_{01})(N_{01} + N_{11}) + (N_{00} + N_{10})(N_{10} + N_{11})} \qquad (3.4)$$

Malgré l'existence de nombreuses autres mesures, l'indice de Rand ajusté reste largement utilisé dans la classe des mesures basées sur le compte de paires [83].

Mesures basées sur la théorie de l'information

Bien qu'il n'existe actuellement aucun consensus sur ce qui est la meilleure mesure, des mesures basée sur la théorie de l'information ont reçu beaucoup d'attention du fait de leur fondement théorique. Dans la théorie des probabilités et la théorie de l'information, l'information mutuelle de deux variables aléatoires est une quantité mesurant la dépendance statistique de ces variables. On dit que deux variables sont indépendantes si la réalisation de l'une n'apporte aucune information sur la réalisation de l'autre. Dans ce cas, l'information mutuelle est nulle. Elle croit lorsque la dépendance augmente.

Considérons une variable aléatoire X pouvant prendre n_x valeurs parmi $\{x_1, \ldots, x_{n_x}\}$ avec les probabilités $\{p(x_1), \ldots, p(x_{n_x})\}$. L'entropie de Shannon de la variable X est définie par :

$$H(X) = \sum_{i=1}^{n_x} p(x_i) \, log(\frac{1}{p(x_i)})$$

et l'entropie conjointe de X et Y :

$$H(X,Y) = \sum_{i=1}^{n_x} \sum_{j=1}^{n_y} p(x_i, y_j) \, log(\frac{1}{p(x_i, y_j)})$$

L'information mutuelle entre deux variables X et Y est alors définie par :

$$I(X,Y) = H(X) + H(Y) - H(X,Y)$$

L'information mutuelle peut mesurer la dépendance mutuelle entre les deux variables aléatoires, ou des informations partagées par X et Y. Plus la valeur est grande plus les variables sont liées, et les variables sont indépendantes quand elle est nulle. Elle peut aussi être vue comme la quantité d'information qu'apporte la variable X pour prédire la valeur de Y. Cette propriété suggère que l'information mutuelle peut être utilisée pour mesurer les informations partagées par deux partitions, et donc, d'évaluer leur similarité [10].

Supposons que nous choisissions un objet au hasard dans S, alors la probabilité que l'objet tombe dans le cluster U_i est $P(i) = \frac{|U_i|}{N}$. L'entropie associé à U se définit par :

$$H(U) = - \sum_{i=1}^{R} P(i) \, log(P(i)) = - \sum_{i=1}^{R} \frac{a_i}{N} \, log(\frac{a_i}{N}),$$

et l'entropie conjointe de U et V peut calculé par :

$$H(U,V) = - \sum_{i=1}^{R} \sum_{j=1}^{C} P(i,j) \, log(P(i,j)) = - \sum_{i=1}^{R} \sum_{i=1}^{C} \frac{n_{ij}}{N} \, log(\frac{n_{ij}}{N}).$$

Alors l'information mutuelle entre deux partitions U et V est :

$$I(U,V) = \sum_{i=1}^{R} \sum_{j=1}^{C} P(i,j) \, log\left(\frac{P(i,j)}{P(i)P'(j))}\right) = \sum_{i=1}^{R} \sum_{j=1}^{C} \frac{n_{ij}}{N} \, log\left(\frac{n_{ij}N}{a_i b_j}\right)$$

où $P'(j) = \frac{|V_j|}{N}$ est l'entropie du cluster V et $P(i,j)$ représente la probabilité qu'un sommet appartienne au cluster U_i de U et au cluster V_j de V : $P(i,j) = \frac{U_i \cap V_j}{N}$.

D'autres versions de cette mesure sont proposées dans la littérature comme la variation d'information (VI), introduite par Melia [58] :

$$VI(U,V) = H(U) + H(V) - 2I(U,V),$$

ou les versions normalisées comme celle proposé par Strehl et Ghosh [84] :

$$NMI(U,V) = \frac{I(U,V)}{\sqrt{H(U)H(V)}} \tag{3.5}$$

Plusieurs méthodes de normalisation de l'information mutuelle proposées dans la littérature sont comparées dans [71].

L'information mutuelle est égale à 0 pour deux partitions indépendantes et est égale à 1 quand elles sont égales, mais malgré la popularité de cette métrique, elle est très difficile à interpréter : il est difficile de conclure à une proximité ou un éloignement entre partitions, en dehors de valeurs extrêmes très proches de 1 ou de 0. De plus, il est montré [86] que l'information mutuelle dépend de la taille de la partition et n'est donc pas adaptée pour comparer des partitions ayant un nombre différent de communautés.

Récemment, un variante ajustée de cette mesure (*Adjusted Mutual Information* en anglais) a été proposée et étudiée par Vinh et al. dans [86] et [87]. Cette variante corrige l'information mutuelle en considérant la valeur attendue de l'information mutuelle pour deux partitions aléatoires. Pour éliminer l'effet de l'accord dû au hasard, Hubert and Arabie [48] ont proposé une correction pour l'indice RAND en proposant :

$$Indice\_ajuste = \frac{Indice - Indice\_Attendu}{Indice\_Max - Indice\_Attendu}.$$

Vinh et al. ont utilisé la même idée pour l'information mutuelle et proposent :

$$AMI(U,V) = \frac{I(U,V) - E\{I(M)|a,b\}}{\frac{1}{2}(H(U) + H(V)) - E\{I(M)|a,b\}}, \tag{3.6}$$

où $E\{I(M)|a,b\}$ est la valeur attendue de l'information mutuelle entre deux partitions aléatoires (voir [86] pour plus de détails).

Distance d'édition

Une autre mesure qui semble plus facile à interpréter est la distance d'édition entre partitions. Afin de calculer la distance d'édition entre deux partitions, cette mesure compte le nombre de sommets qui doivent être déplacés pour passer d'une partition à l'autre.

Plus précisément, supposons deux partitions P et Q ayant le même nombre de communautés (nous ajoutons des communautés vides s'il n'y en a pas le même nombre). Une *association* entre P et Q est définie par le bijection associant à chaque communauté de P une communauté unique de Q. L'association entre deux partitions permet donc de dire ce quelle communauté de P est devenue une communauté de Q. Puis, nous calculons le coût correspondant au nombre de mouvements nécessaires pour déplacer les sommets n'étant pas dans l'image de leur communauté : étant donnés deux communautés $p_i \in P$ et $q_j \in Q$ associées suivant la bijection, le coût de leur association vaut $|p_i \backslash q_j|$ (le nombre d'éléments de p_i qui ne sont pas dans q_j) est ainsi le nombre d'éléments de p_i qui devront changer de communauté pour passer de p_i à q_j. Le coût d'une association $\delta_x(P,Q)$ entre les partitions P et Q est donc la somme des coûts entre les communautés et leur image :

$$cout(\delta_x(P,Q)) = \sum_{p_i \in P, q_j \in Q} |p_i \backslash q_j|,$$

où p_i est associée à q_j selon la bijection. Cela compte donc le nombre de sommets à déplacer pour passer de P à Q. Nous cherchons ensuite parmi toutes les bijections possibles celle minimisant ce nombre de mouvements. Alors, la distance entre deux partitions P et Q est le coût minimum parmi toutes les associations :

$$dist(P,Q) = \min_{\delta_x \in \delta}(cout(\delta_x))$$

La figure 3.21 montre un exemple de deux partitions avec deux bijections possibles. La première induit 6 mouvements tandis que la seconde en induit seulement 2. L'association entre deux partitions peut être calculée en $O(n^3)$ où n est le nombre de communautés en utilisant l'algorithme de Kuhn-Munkres [50].

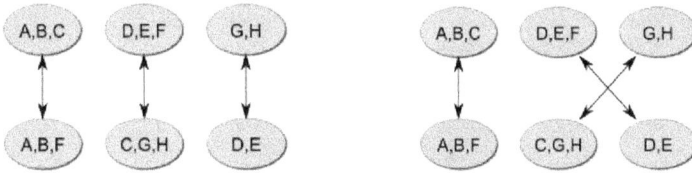

FIGURE 3.21 – Exemple d'associations via des bijections. La bijection de gauche implique 6 mouvements (C, D, E, F, G et H) tandis que la bijection de droite implique 2 mouvements (C et F). Elle est la bijection optimale et la distance entre les deux partitions est donc 2.

P-valeur

Enfin, la dernière mesure que nous utiliserons est la p-valeur qui est généralement décrite comme la probabilité de voir des résultats aussi ou plus extrêmes que ceux auxquels ont s'attend dans un contexte pûrement aléatoire. La p-valeur est comprise entre 0 et 1, une valeur de 1 indiquant que le résultat observé repose sur le hasard et une valeur proche de 0 signifiant que le résultat observé n'est pas dû au hasard.Plus la p-valeur est faible, plus fortement le test rejette l'hypothèse nulle (ou hypothèse aléatoire) et confirme la significativité des résultats.Cette mesure peut être utilisée pour évaluer la significativité d'une partition. Plus précisément, si une certaine proportion p de sommets dans une communauté a un attribut X, la p-valeur mesure la probabilité d'obtenir la même proportion de sommets ayant cet attribut groupés ensemble si l'ensemble de noeuds étaient choisi au hasard (l'hypothèse nulle était vraie).

3.4.2   Résultats

Afin d'évaluer la performances de notre approche, nous avons donc comparé la similarité des communautés (trouvées par l'algorithme classique de Louvain) et des cœurs de communautés (identifiés par notre approche) à la classification issue de la réalité du terrain. Nous avons appliqué notre méthode à des réseaux artificiels et graphes de terrain de différentes tailles ayant une

structure communautaire connue. Plus précisément, nous avons testé notre
algorithme sur les réseaux présentés dans la section 2.4 du chapitre 2, notamment les réseaux artificiels générés par le modèle proposé par Girvan-Newman
et le réseau du club de karaté du Zachary.

Pour chaque réseau, Les valeurs de similarité entre des communautés et une
réalité de terrain ont été obtenues en calculant 100 partitions différentes puis
en prenant la similarité moyenne. Les valeurs de similarité pour des cœurs de
communautés sont calculées en prenant $\mathcal{N} = 10^2$ et $\mathcal{N} = 10^5$ comme nombre
d'exécutions dans notre algorithme et nous considérerons tous les seuils afin
d'identifier si certains sont plus pertinents.

Nous avons utilisé quatre métriques de similarité entre partitions parmi
les plus populaires : la distance d'édition, l'information mutuelle ajustée [86],
AMI, l'information mutuelle normalisée [84], NMI, et l'indice de Rand ajusté
[48], ARI. Pour un dernier exemple nous illustrerons l'utilisation de la p-valeur.

Réseaux artificiels de Girvan-Newman

Tout d'abord, nous avons testé la sensibilité de notre algorithme en l'appliquant à des graphes aléatoires ayant une structure communautaire connue,
obtenus d'après le modèle proposé par Girvan et Newman [42]. Ces graphes
sont largement utilisés pour évaluer la précision des algorithmes de détection
de communautés, par exemple dans [42, 19, 52]. Les cœurs de communautés
sont identifiés pour $z_{out} = 7$ et $z_{out} = 8$ et comparés avec la classification
connue. Comme les figures 3.22 et 3.23 l'illustrent, pour certaines valeurs du
seuil α, les cœurs sont plus similaires à la classification manuelle que la partition obtenue avec la méthode classique de Louvain. Selon les mesures de
similarité, les seuils pour lesquels la similarité est maximale varient mais ce
sont toujours des valeurs assez élevées, de l'ordre de $0,6$.

Réseaux réels

Nous avons également testé la performance de notre approche en l'appliquant sur des réseaux réels possédant une structure communautaire connue (une
classification manuelle).

Comme indiqué précédemment sur le réseau du club de karaté de Zachary,
pour certaines valeurs du seuil entre 0.3 et 0.4, la classification manuelle est

(a) AMI

(b) NMI

(c) ARI

(d) Distance d'édition

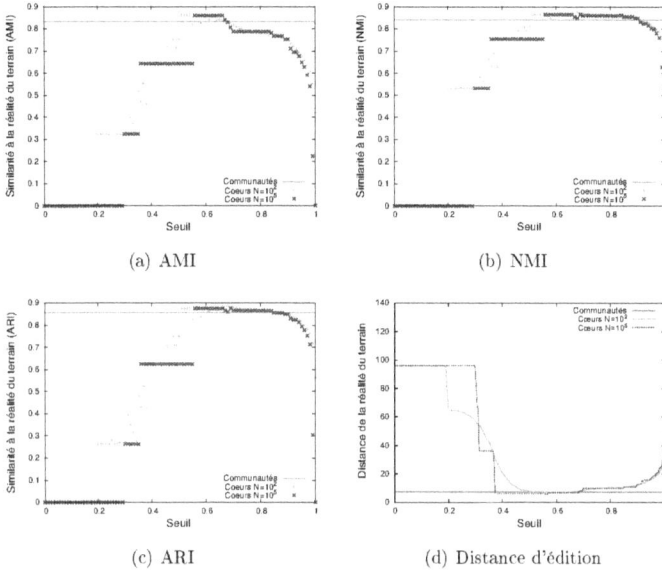

FIGURE 3.22 – Comparaison de la similarité pour quatre fonctions différentes entre les cœurs et les communautés par rapport à la réalité de terrain. Modèle de Girvan-Newman avec $z_{out} = 7$.

presque parfaitement identifiée, ce qui est confirmé par les différents indicateurs de similarité (figure 3.24). Nous obtenons des résultats similaires pour les deux autres graphes, football (figure 3.25) et livres politiques (figure 3.26) mais avec des valeurs de seuil supérieures à 0.5 pour football et entre 0.4 et 0.8 pour les livres.

Réseau de Protéome

Nous avons aussi utilisé la p-valeur pour évaluer la significativité des cœurs sur le réseau de Protéome dont nous connaissons les fonctions biologiques des protéines en utilisant les annotations Gene Ontology (GO). Les protéines peuvent travailler ensemble pour parvenir à une fonction particulière. Nous avons utilisé ces fonctions biologiques des protéines comme vérité de terrain

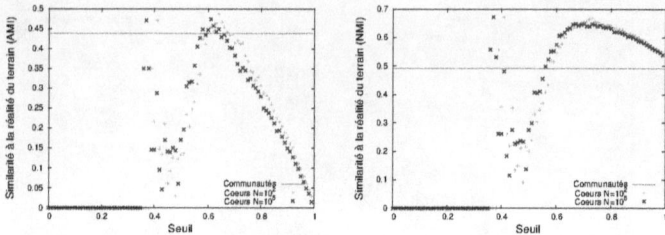

(a) Information mutuelle ajustée (AMI)   (b) Information   mutuelle   normalisée
                                         (NMI)

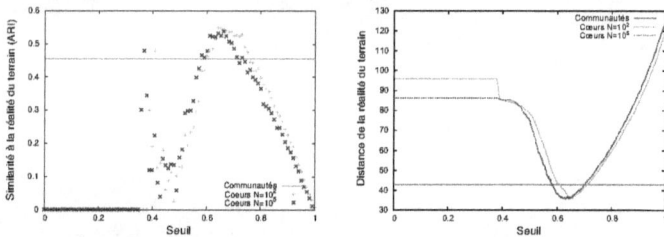

(c) Indice de Rand ajusté (ARI)   (d) Distance d'édition

FIGURE 3.23 – Comparaison de la similarité pour quatre fonctions différentes
entre les cœurs et les communautés par rapport à la réalité de terrain. Modèle
de Girvan-Newman avec $z_{out} = 8$.

afin d'évaluer la performance de notre approche. Une protéine peut avoir plusieurs fonctions et une fonction biologique implique plusieurs protéines.

Nous avons calculé la p-valeur pour évaluer l'efficacité de notre approche.
Supposons qu'il y a f_g protéines ayant une fonction $GO : xxxxxxx$ (les fonctions biologiques sont identifiées par une suite de sept chiffres) dans un réseau
de Protéome possédant t_g protéines au total. Dans un contexte purement
aléatoire, observer une fraction au moins égale à f_c de protéines ayant cette
fonction dans un cluster de taille t_c arriverait avec probabilité :

$$p - valeur = \frac{\sum_{i=f_c}^{min(t_c, f_g)} \binom{f_g}{i} \binom{t_g - f_g}{t_c - i}}{\binom{t_g}{t_c}}. \tag{3.7}$$

L'objectif est donc de voir si les regroupements observés étaient attendus

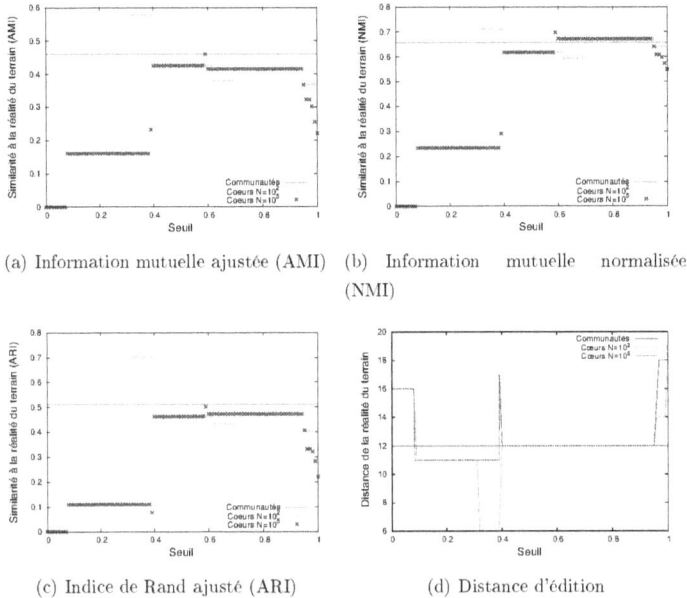

(a) Information mutuelle ajustée (AMI)   (b) Information   mutuelle   normalisée
                                          (NMI)

(c) Indice de Rand ajusté (ARI)   (d) Distance d'édition

FIGURE 3.24 – Comparaison de la similarité pour quatre fonctions différentes
entre les cœurs et les communautés par rapport à la réalité de terrain. Club
de karaté du Zachary.

(p-valeur proche de 1) ou au contraire très inattendus (p-valeur proche de
0). Dans le second cas cela signifiera donc que les clusters sont composés de
beaucoup plus de protéines ayant une fonction similaire que ce à quoi on aurait
pu s'attendre.

En pratique, nous avons calculé les α-cœurs pour chaque valeur de α.
Chaque α-cœur est composé d'un ensemble de protéines et chacune de ces
protéines a un ensemble de fonctions. Nous pouvons donc calculer pour chaque
α-cœur et chaque fonction la p-valeur associée à partir du modèle décrit ci-
dessus. Le tableau 3.2 présente les 10 couples (α-cœurs,fonction) ayant les
plus faibles p-valeurs (celles qui sont donc le plus significatives), pour trois α
différents. On observe des valeurs très faibles qui mettent en évidence le fait
que les cœurs capturent effectivement des fonctions biologiques.

(a) Information mutuelle ajustée (AMI)

(b) Information mutuelle normalisée (NMI)

(c) Indice de Rand ajusté (ARI)

(d) Distance d'édition

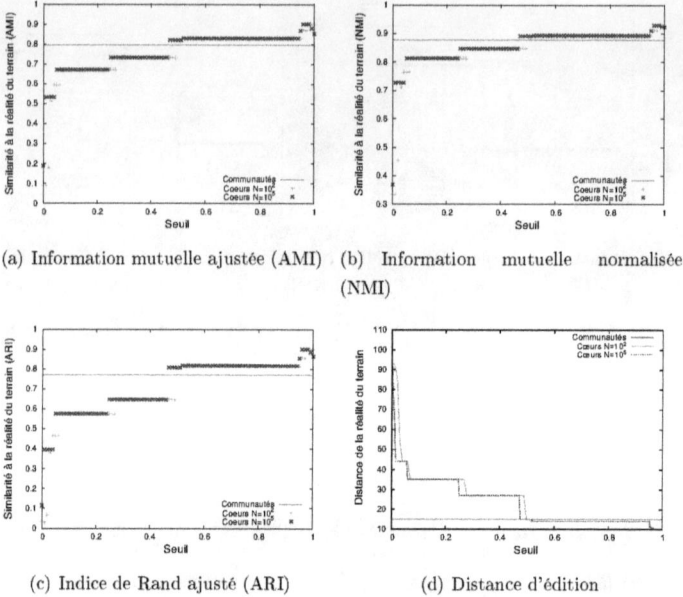

FIGURE 3.25 – Comparaison de la similarité pour quatre fonctions différentes entre les cœurs et les communautés par rapport à la réalité de terrain. Équipes de football.

La vision opposée consiste à chercher pour chaque fonction biologique f le α-cœur c telle que la p-valeur de (f, c) soit minimale. Nous obtenons un ensemble de $(\alpha$, p-valeur). L'objectif est de trouver si certaines valeurs de α génèrent plus de cœurs pertinents, c'est-à-dire ayant une p-valeur la plus faible possible. La figure 3.27 présente l'histogramme de ces seuils, c'est-à-dire le nombre de fonctions qui sont le mieux identifiées pour un seuil α. Nous voyons que les p-valeurs sont plus faibles lorsque le seuil est strictement inférieur à 1, mais proche de 1, ce qui signifie qu'il y a une plus forte corrélation entre cœurs et fonctions pour ces valeurs là.

Nous observons aussi un pic autour de 0.55, ce qui signifie que de nombreux 0.55-coeurs sont des regroupements pertinents de fonctions biologiques. Par contre les valeurs faibles de α ne permettent jamais d'identifier correctement

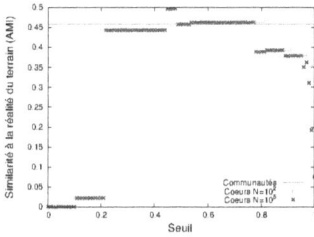

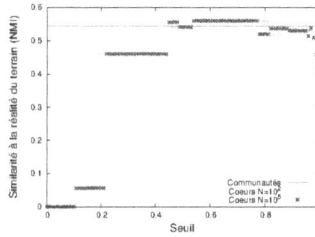

(a) Information mutuelle ajustée (AMI)

(b) Information mutuelle normalisée (NMI)

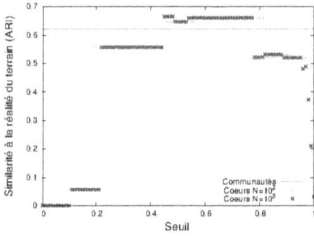

(c) Indice de Rand ajusté (ARI)

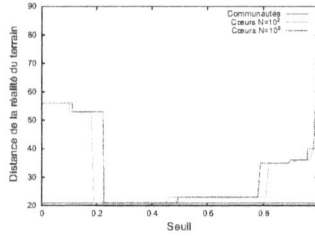

(d) Distance d'édition

FIGURE 3.26 – Comparaison de la similarité pour quatre fonctions différentes entre les cœurs et les communautés par rapport à la réalité de terrain. Livres sur la politique américaine.

une fonction biologique (les cœurs sont trop gros pour contenir de l'information pertinente) et entre $0,6$ et $0,9$ il y a finalement assez peu de cœurs pertinents. Ceci laisse à penser qu'il y aurait deux échelles d'observations pertinentes pour ce réseau et nécessite de plus amples investigations.

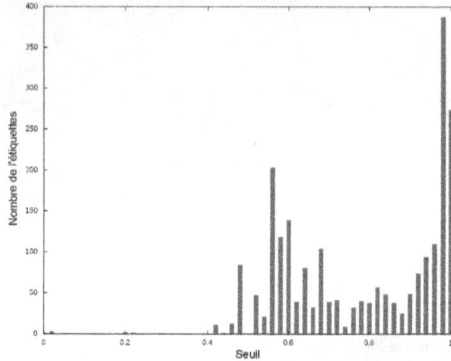

FIGURE 3.27 – Histogramme du nombre de fonctions biologiques bien approximées par les α-cœurs en fonction du seuil α.

3.5   Conclusions

De nombreux algorithmes ont été proposés pour identifier la structure communautaire de graphes de terrain, mais ils souffrent généralement de non-déterminisme et d'instabilité. Nous avons étudié une méthodologie qui tire parti de ces défauts des algorithmes de détection de communautés en nous basant sur la dépendance de tels algorithmes à leur configuration initiale, afin d'améliorer les résultats obtenus avec des techniques actuelles de détection de communautés.

Nous avons proposé une nouvelle définition du concept de communautés fortes ou cœurs de communautés, et un algorithme de calcul associé. Dans l'algorithme proposé, la variation des p_{ij} lorsque le nombre d'exécutions augmente, tend vers zéro. Il est possible donc de mettre fin aux itérations lorsque cette variation est négligeable. Nous avons aussi vu qu'on peut obtenir une structure hiérarchique des cœurs en faisant varier le seuil.

Nous avons également étudié la distribution des p_{ij} et nous avons vu que la majorité de paires de sommets sont jamais ensemble. Nous avons aussi observé qu'un nombre non négligeable de paires de sommets sont toujours ensemble.

Finalement nous avons appliqué notre méthodologie à différents graphes de tests et réseaux réels afin de montrer l'amélioration apportée par notre approche. Nous avons montré, en utilisant plusieurs métriques, que pour certaines valeurs du seuil, les coeurs sont plus significatifs que les communautés trouvées par les algorithme classiques de détection de communautés.

	groupe_id	fonction	valeur p	t_g	f_g	t_c	f_c
	4938	GO :0016021	3.034337e-134	5033	927	332	258
	4938	GO :0055085	3.377038e-58	5033	244	332	100
	4695	GO :0005763	1.628640e-45	5033	28	30	21
	4697	GO :0005847	7.703372e-36	5033	15	20	14
$\alpha = 1.00$	4938	GO :0005789	8.008857e-36	5033	187	332	69
	4588	GO :0016455	7.488999e-35	5033	23	19	15
	4588	GO :0016592	1.995572e-34	5033	24	19	15
	4666	GO :0051123	1.186833e-33	5033	17	15	13
	4637	GO :0032040	1.671445e-33	5033	41	22	17
	4545	GO :0000176	2.172392e-33	5033	13	14	12
	4687	GO :0016021	4.441038e-161	5033	927	398	307
	4687	GO :0055085	2.411915e-67	5033	244	398	116
	4565	GO :0005730	1.425867e-51	5033	180	180	65
	4991	GO :0000398	6.983696e-50	5033	58	164	41
$\alpha = 0.99$	4695	GO :0005763	1.026215e-47	5033	28	32	22
	4953	GO :0005762	2.335045e-41	5033	36	31	21
	4687	GO :0005789	3.562953e-41	5033	187	398	80
	4991	GO :0046540	2.154257e-40	5033	28	164	27
	3737	GO :0016455	3.666480e-37	5033	23	142	23
	4991	GO :0071004	9.664276e-37	5033	29	164	26
	4958	GO :0016021	2.880721e-161	5033	927	407	311
	4958	GO :0055085	3.988182e-66	5033	244	407	116
	4948	GO :0005730	5.128786e-51	5033	180	223	70
	5015	GO :0000398	9.105748e-51	5033	58	173	42
$\alpha = 0.98$	4695	GO :0005763	1.026215e-47	5033	28	32	22
	4958	GO :0005789	1.880705e-42	5033	187	407	82
	4953	GO :0005762	2.335045e-41	5033	36	31	21
	5015	GO :0046540	1.030620e-39	5033	28	173	27
	5015	GO :0071004	4.325013e-36	5033	29	173	26
	4545	GO :0070478	2.753920e-35	5033	17	18	14

TABLE 3.2 – Tableau des 10 p-valeurs les plus faibles pour des couples (α-cœurs,fonction), pour trois valeurs de α.

CHAPITRE 4

Graphes aléatoires

Depuis l'introduction des graphes aléatoires en 1959 par Erdös et Rényi [33], de nombreux travaux ont proposé des modèles pour générer des graphes les plus ressemblant possible aux graphes réels. Cela consiste à fournir une méthode de construction qui permette de générer des graphes parmi ceux ayant certaines propriétés. Le modèle le plus simple permet ainsi de générer au hasard et de manière uniforme un graphe parmi ceux ayant un nombre donné de sommets et de liens.

La première utilisation des graphes aléatoires consiste à prouver des résultats car ils sont généralement décrit avec un formalisme très clair. Par exemple, on peut montrer que n'imposer que le nombre de sommets et de liens ne permet pas de générer un graphe avec un structure communautaire. D'autres résultats ont montré que certaines classes de graphes aléatoires sont robustes aux suppressions de sommets, ciblés ou pas, alors que d'autres ne le sont pas [56], ou que la propagation de virus se fera plus facilement/rapidement sur certaines classes de graphes.

Une autre utilisation classique des graphes aléatoires consiste à savoir si une propriété observée sur un graphe réel est normale (attendue). Par exemple, nous avons vu que la notion de modularité, utilisée pour évaluer la qualité d'une partition, est basée sur une comparaison à des graphes aléatoires. Dans ce contexte une partition est de qualité si elle est sensiblement meilleure que la même partition sur un graphe aléatoire.

Or, il a été montré que malgré cette comparaison aux graphes aléatoires, il est possible de trouver des partitions ayant une bonne modularité dans des graphes n'ayant pas de structure communautaire, notamment les graphes aléatoires eux-mêmes [45, 75]. Les cœurs permettent quant à eux de distinguer rapidement les graphes ayant ou n'ayant pas une telle structure. Notre but ici n'est donc pas de générer des graphes réalistes mais au contraire d'utiliser des modèles simples sur lesquels les connaissances sont approfondies et sur lesquels on puisse éventuellement faire des preuves formelles. Pour cela, nous utiliserons uniquement deux modèles de graphes aléatoires parmi les plus simples : le modèle d'Erdös et Rényi [33] et le modèle configurationnel [14].

4.1 Modèles de graphes aléatoires

4.1.1 Modèle de Erdös-Rényi

Le modèle de graphes aléatoires le plus simple a été proposé par Erdös et Rényi [33]. Ce modèle, $G(n, M)$, permet de générer un graphe ayant n sommets reliés par M liens choisis au hasard uniformément parmi les $\binom{n}{2} = \frac{n(n-1)}{2}$ liens possibles.

Une définition alternative et équivalente est le modèle binomial proposé par Gilbert [41]. Dans ce modèle, noté $G(n, p)$, un graphe aléatoire est défini par n sommets et chacun des $\frac{n(n-1)}{2}$ liens est présent avec la même probabilité p (ou absent avec probabilité $1 - p$) indépendamment de la présence ou de l'absence des autres liens. En conséquence, le nombre total de liens dans un graphe du modèle $G(n, p)$, est de l'ordre de $E(n) = \frac{n(n-1)}{2}p$.

Les graphes $G(n, M)$ et $G(n, p)$ sont équivalents si p et M respectent la relation suivante : $p = \frac{2M}{n(n-1)}$. Cependant, la complexité pour générer un graphe $G(n, p)$ est en $O(n^2)$ car il faut décider pour chaque paire de sommets si le lien associé existe ou pas, alors que la complexité vaut $O(m)$ pour générer un graphe du type $G(n, M)$. Ce dernier modèle est donc plus souvent utilisé en pratique.

Les graphes aléatoires produits par le modèle d'Erdös-Rényi ou celui de Gilbert possèdent un faible diamètre et une distribution des degrés en loi de Poisson : tous les sommets ont un degré similaire, et il y a peu de sommets de très faible ou de très fort degré, au contraire de la distribution des degrés des graphes réels qui suit une loi hétérogène. Il est aussi montré [33] que les degrés minimum et maximum dans un graphe aléatoire sont de l'ordre du degré moyen du graphe. La figure 4.1 montre la distribution des degrés d'un réseau de collaboration et celle d'un graphe de la même taille (mêmes valeurs de n et M) construit avec le modèle d'Erdös-Rényi.

Dans l'étude des graphes aléatoires, Erdös et Rényi ont également mis

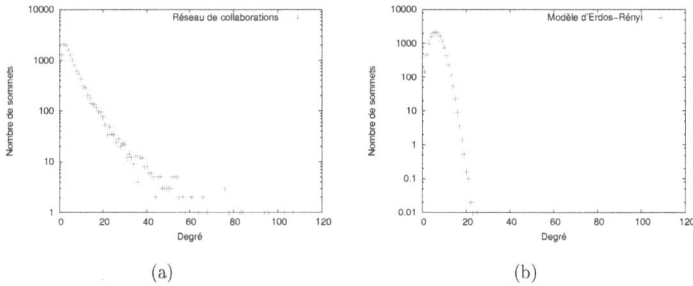

(a)   (b)

FIGURE 4.1 – Distribution des degrés pour un réseau de collaboration (a) et pour un graphe généré avec le modèle d'Erdös-Rényi ayant la même taille (b).

en évidence le phénomène des valeurs critiques. La probabilité qu'un graphe satisfasse une propriété passe très vite de 0 à 1 et vice-versa en fonction de l'évolution de son nombre de liens. C'est notamment le cas pour la connectivité d'un graphe $G = (n, p)$:

- si $np < 1$, alors le graphe est non-connexe avec forte probabilité et il est composé de petits arbres de taille au plus logarithmique et d'un nombre constant de cycles ;
- si $np = 1$, alors la structure de graphe change brutalement et le graphe devient soudainement composé d'une composante géante ayant une taille de l'ordre de $n^{\frac{2}{3}}$;
- si np tend vers une constante $c > 1$, alors le graphe a presque sûrement une composante géante unique ayant $O(n)$ sommets et la taille de des autres composantes est en $O(\log n)$;
- enfin, si le nombre de liens est supérieur à $p > \frac{(1+\varepsilon)ln(n)}{n}$, le graphe $G = (n, p)$ est connexe avec forte probabilité.

Nous avons vu que le modèle d'Erdös-Rényi fournit nécessairement une distribution des degrés Poissonnienne, ce qui est très éloigné de nombreux réseaux réels. Les graphes d'Erdös-Rényi ne sont pas donc des bons modèles des graphes réels.

4.1.2   Modèle configurationnel

Bender et Canfield [14] ont proposé un modèle permettant de générer un graphe aléatoire ayant la distribution des degrés voulue sans autre corrélation non souhaitée. Cette dernière, en effet, révèle beaucoup d'information sur la structure d'un graphe. La simplicité de ce modèle permet aussi de nombreuses analyses formelles. Il a donc été largement utilisé dans littérature, voir par exemple [67].

Pour générer un graphe avec ce modèle, étant donné un nombre de sommets n et une distribution des degrés $P(k)$, nous prenons n sommets et nous attribuons à chacun un nombre k de demi-liens, où k est un nombre aléatoire tiré suivant $P(k)$. Ensuite, nous relions des paires de demi-liens choisies aléatoirement. Cette procédure produit un graphe avec exactement la distribution des degrés souhaitée, mais qui est complètement aléatoire à tous autres égards, et qui est généré de manière uniforme parmi l'ensemble des graphes ayant cette distribution des degrés. La génération se fait en temps linéaire en le nombre de liens et le seul problème pouvant survenir est de tirer une somme des degrés impaire. Ce problème est facilement corrigé en supprimant un sommet au hasard et en le recréant suivant la distribution jusqu'à arriver à une somme des degrés paire. D'autres problèmes peuvent se poser, comme la génération de boucles ou d'arêtes multiples, problèmes qui sont en général ignorés.

4.1.3   Propriétés des graphes aléatoires

Les graphes aléatoires présentés précédemment capturent un certain nombre de propriétés classiques des graphes de terrain, notamment la densité globale faible (qui est en fait un paramètre du modèle : p dans un cas, $P(k)$ dans l'autre) ainsi que la distance moyenne faible. Par contre, dans les graphes aléatoires du modèle d'Erdös-Rényi et configurationnel, les sommets sont reliés de façon indépendante et par conséquent la densité est homogène (pas de clustering) et ils possèdent une distribution des degrés homogène. De plus, l'absence de clustering implique naturellement une absence de structure communautaire. Le tableau 4.1 détaille les principales propriétés des graphes de terrain en les comparant aux graphes aléatoires générés avec les deux modèles.

Propriété \ Graphe	de terrain	Erdös-Rényi	Configurationnel
densité	faible	faible	faible
connexité	comp. géante	comp. géante	comp. géante
distances	faibles	faibles	faibles
degrés	hétérogènes	*homogènes*	hétérogènes
clustering	fort	*faible*	*faible*
communautés	avec	*sans*	*sans*

TABLE 4.1 – Propriétés des graphes aléatoires suivant les modèles Erdös-Rényi et configurationnel, comparées aux propriétés généralement observées sur les graphes de terrain.

4.2   Graphes aléatoires et cœurs

Nous avons vu que dans les graphes aléatoires toutes les paires de sommets ont la même probabilité d'être adjacentes, donc il ne devrait y avoir aucune liaison préférentielle impliquant des groupes spéciaux de sommets, d'où une absence de structures communautaires. Or, des études montrent qu'il est possible de trouver des partitions ayant une modularité élevée dans des graphes aléatoires [45, 75].

La raison principale est que la concentration des liens est fluctuante dans les graphes générés et on peut donc obtenir des sous-ensembles ayant une densité supérieure à la densité moyenne. Il n'est pas utile d'avoir des sous-graphes avec une forte densité et une très faible fluctuation permet déjà de trouver des partitions ayant une bonne modularité. Le problème est encore plus marqué dans certains graphes ayant une structure régulière, donc avec une densité fixe, dans lesquels il est possible de trouver des partitions de bonne modularité. C'est notamment le cas des grilles ou des tores [?].

Un bon algorithme de détection de communautés devrait être capable de reconnaître que dans de tels graphes les communautés obtenues ne sont pas de vraies communautés et donc devrait indiquer à la fois la présence et l'absence d'une structure communautaire. Nous avons appliqué notre algorithme de détection des cœurs de communautés à des graphes aléatoires et nous avons observé que le problème des algorithmes classiques de détection de communautés peut être résolu avec notre méthodologie. Nous expliquons nos observations dans la suite.

4.2.1 Convergence des p_{ij}

En appliquant notre algorithme de détection des cœurs de communautés
à des graphes construits suivant le modèle d'Erdös-Rényi, nous observons que
la variance des p_{ij} diminue et tend vers zéro quand le nombre d'exécutions $\mathcal{N}$
augmente.

Nous avons testé la vitesse de convergence en utilisant la distance euclidienne normalisée mentionnée dans le chapitre 2 en faisant varier la taille des
graphes d'une part (pour des tailles de 100, 200, 500 et 1 000 sommets) et le
degré moyen des graphes d'autre part (pour des degrés moyens de 5, 10, 15,
20), voir figures 4.2 et 4.3 respectivement.

Comme illustré, pour des graphes de taille différente ou de degrés moyens
différents la convergence des p_{ij} est inversement polynomiale en $\mathcal{N}$:

$$\|P_{ij}^{\mathcal{N}+1} - P_{ij}^{\mathcal{N}}\| = \frac{c}{\mathcal{N}},$$

ou c est une constante.

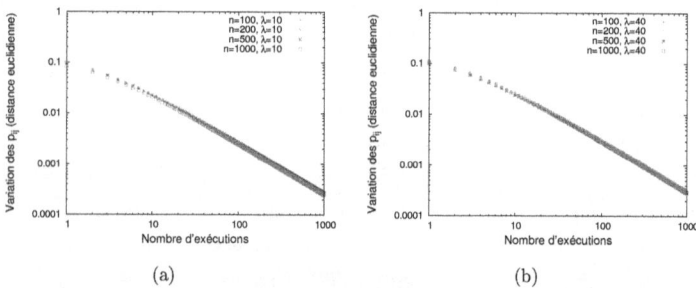

(a)   (b)

FIGURE 4.2 – Variation des p_{ij} en fonction du nombre d'exécutions pour des
graphes aléatoires suivant le modèle d'Erdös-Rényi ayant n sommets et (a) un
degré moyen $\lambda = 10$, (b) un degré moyen $\lambda = 40$.

La figure 4.4 montre la distribution des p_{ij} pour toutes les paires de sommets, pour un graphe aléatoire $G(n, M)$ ayant $n = 1000$ sommets et un degré
moyen 20 pour plusieurs valeurs du nombre d'exécutions. Nous n'observons
aucune différence notable entre 10^3, 10^4 et 10^5 exécutions.

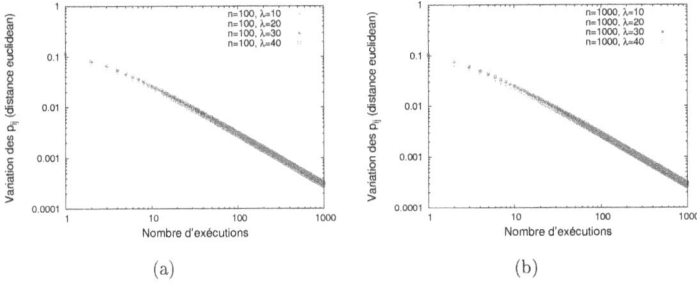

(a)   (b)

FIGURE 4.3 – Variation des p_{ij} en fonction du nombre d'exécutions pour des graphes aléatoires suivant le modèle d'Erdös-Rényi ayant un degré moyen λ et (a) 100 sommets, (b) 1 000 sommets.

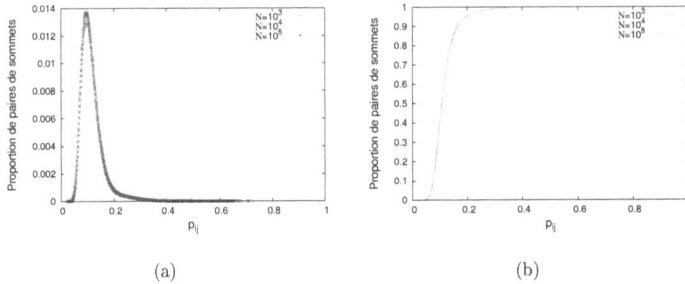

(a)   (b)

FIGURE 4.4 – (a) distribution des p_{ij} et (b) distribution cumulative des p_{ij} pour plusieurs valeurs du nombre d'exécutions $\mathcal{N}$.

4.2.2 Distribution des p_{ij}

La figure 4.5 présente la distribution des p_{ij} pour toutes les paires de sommets, les paires connectées et les paires non connectées pour des graphes aléatoires de degré moyen respectivement 5 et 100. Dans le cas d'un degré moyen faible, nous observons que la distribution des p_{ij} est une combinaison de deux lois : une loi homogène qui regroupe la majorité des paires de sommets qui ont donc un p_{ij} similaire centré autour d'une valeur moyenne, et une loi plus hétérogène regroupant quelques paires de sommets ayant un p_{ij} plus élevé que les autres avec une décroissance plus lente. De plus, les paires de sommets connectées ont un p_{ij} moyen plus élevé. Dans le cas d'un degré moyen plus élevé, nous observons sur les queues des distributions ont tendance à disparaître, et correspondent à deux lois très homogènes correspondant aux paires connectées et aux paires non connectées. Les valeurs des p_{ij} sont donc encore plus centrées autour de la moyenne avec des moins en moins de valeurs extrêmes.

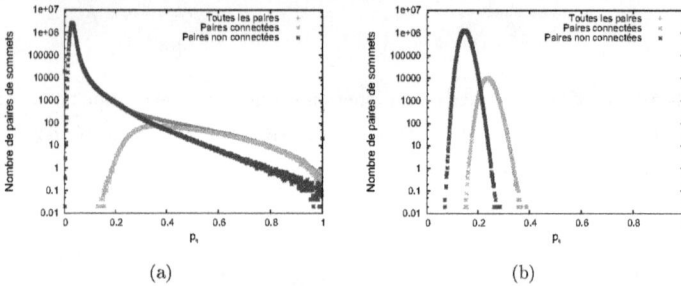

(a)   (b)

FIGURE 4.5 – Distributions des p_{ij} pour les paires de sommets connectés et les paires de sommets non connectés pour des graphes aléatoires ayant 1 000 sommets et (a) un degré moyen 5 et (b) un degré moyen 100.

En faisant varier la taille des graphes (voir la figure 4.6), nous observons que plus le graphe est de grande taille, plus la variance est faible et plus les p_{ij} sont concentrés autour de la moyenne. A la limite de n grand, on peut supposer que la distribution des p_{ij} sera piquée autour de deux valeurs pour les paires connectées et non connectées. Cette remarque aura un impact fort dans la suite.

On remarque aussi qu'avec l'augmentation de taille, le fait que la distribution soit composée des paires connectées et non-connectées est plus visible, notamment pour les graphes aléatoires ayant 10 000 sommets, voir figure 4.7.

Nous avons aussi comparé la distribution des p_{ij} d'un réseau d'email et d'un réseau de collaboration avec des graphes aléatoires de la même taille construits par le modèle d'Erdös-Rényi et par le modèle configurationnel. Les figures 4.8 et 4.9 montrent ces distributions. Nous avons vu dans le chapitre 3 que dans les graphes de terrain une proportion forte des paires de sommets ont un p_{ij} nul ou proche de 1. Au contraire, les figures 4.8 et 4.9 montrent

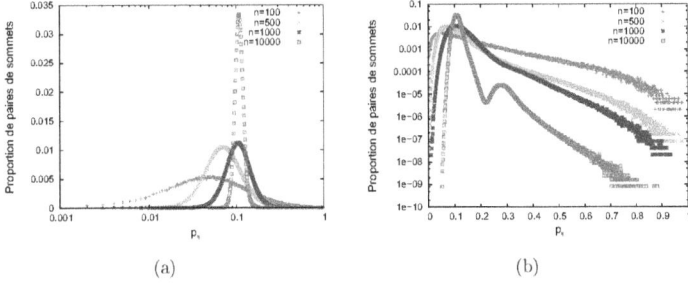

(a)   (b)

FIGURE 4.6 – Distribution des p_{ij} (a) en échelle loglin et (b) en échelle linlog pour des graphes aléatoires de taille croissante. Degré moyen $\lambda = 20$, $\mathcal{N} = 1000$.

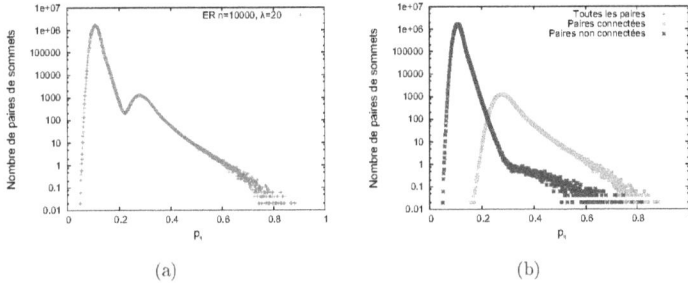

(a)   (b)

FIGURE 4.7 – Distribution des p_{ij} pour toutes les paires de sommets pour un graphe aléatoire ayant 10 000 sommets et degré moyen $\lambda = 20$. (a) distribution complète, (b) distribution séparant les paires connectées et non connectées.

que les graphes aléatoires ont une distribution complètement différente : dans le cas du modèle d'Erdös-Rényi nous n'avons aucune paire de sommets avec un $p_{ij} = 0$, c'est-a-dire que tous les paires de sommets étaient au moins une fois ensemble pendant 1 000 exécutions de l'algorithme de Louvain. De façon similaire, il y aucune ou très rarement des paires de sommets qui sont toujours ensemble.

Dans le cas du modèle configurationnel, les remarques sont similaires. Cependant, on a plus de paires avec des p_{ij} élevés, ce qui est dû à la présence de nombreux sommets de degré 1. En effet, l'optimisation de la modularité impose qu'un sommet de degré 1 soit toujours placé dans la communauté de son unique voisin.

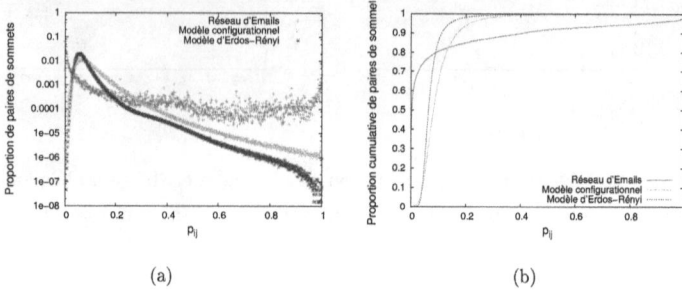

(a)   (b)

FIGURE 4.8 – Distribution (a) et distribution cumulative (b) des p_{ij} pour le réseau d'email et des réseaux aléatoires des modèle d'Erdös-Rényi et configurationnel de la même taille et respectivement avec la même taille et la même distribution des degrés.

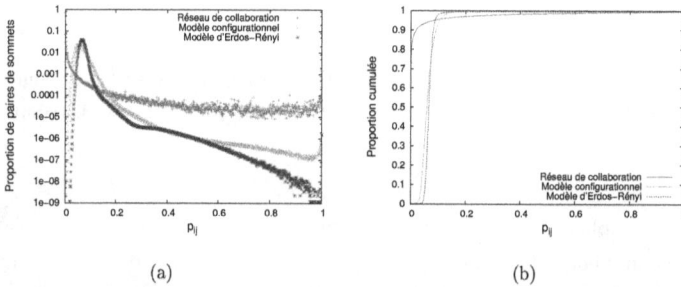

(a)   (b)

FIGURE 4.9 – Distribution (a) et distribution cumulative (b) des p_{ij} pour le réseau de collaboration et des réseaux aléatoires des modèle d'Erdös-Rényi et configurationnel de la même taille et respectivement avec la même taille et la même distribution des degrés.

4.2.3 Propriétés des cœurs

La figure 4.10 montre une comparaison entre la taille moyenne des cœurs en fonction du seuil pour un réseau de collaboration et deux modèles de graphes aléatoires de la même taille. On rappelle que pour un seuil donné, les cœurs sont définis comme les composantes connexes du graphe virtuel dans lequel les liens de poids inférieur au seuil ont été supprimés. On observe que le choix d'un seuil faible conduit à un seul cœur contenant tous les sommets. Puis, après une transition de phase rapide, on n'observe que des cœurs triviaux contenant un seul sommet. On peut donc repérer les graphes qui n'ont pas de structure communautaire : ils n'ont pas de décomposition intermédiaire pertinente. Nous fournissons dans la suite des arguments pour montrer l'existence de cette transition de phase.

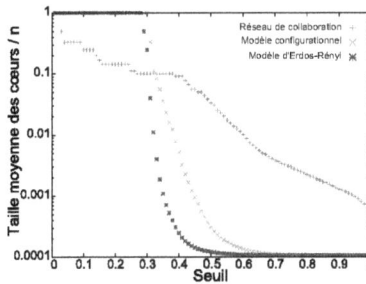

FIGURE 4.10 – Taille moyenne des cœurs (en proportion de sommets) pour un graphe réel et deux graphes aléatoires de la même taille. Sur les graphes aléatoires, la taille moyenne passe brutalement de 1 (un seul cœur) à 0 (autant de cœurs que de sommets) pour une valeur proche de 0.3.

4.2.4 Arguments

Fournir une preuve théorique de l'existence d'une transition de phase n'a pas été possible, cependant nous avons un ensemble d'arguments qui mis bout à bout permettent de comprendre le phénomène. Ces arguments peuvent être résumés par :

– les valeurs des p_{ij} pour les paires de sommets connectés sont très concen-

trées autour d'une valeur moyenne et les valeurs des p_{ij} pour les paires
de sommets non connectés sont plus faibles que celles des paires de sommets connectés;

- avec un seuil en dessous de cette valeur moyenne, toutes les paires sont
  conservées, et au delà de ce seuil, aucune paire n'est conservée, d'où
  l'existence d'une transition de phase;
- la valeur du seuil auquel la transition a lieu correspond à la proportion
  de liens intra-communautaires dans une partition de bonne qualité d'un
  graphe aléatoire. Cette proportion décroît logarithmiquement avec le
  degré moyen.

Afin de pouvoir obtenir une preuve complète, il serait nécessaire de pouvoir calculer la proportion de liens intra-communautaires. A l'heure actuelle,
c'est un problème ouvert qui est généralement abordé uniquement de manière
numérique [45].

Nous allons maintenant reprendre les arguments dans l'ordre. Nous fe-
rons largement usage du fait que le graphe est aléatoire et que donc toutes
les connexions existent de manière indépendante. Les hypothèses formulées
peuvent dans certains cas s'apparenter à des hypothèses de champ moyen
classiques en physique statistique.

**Les valeurs des p_{ij} pour les paires de sommets connectés sont très
concentrées autour d'une valeur moyenne.**

Cet argument a déjà été illustré plus tôt par exemple sur la figure 4.5.
De manière simple, nous pouvons supposer que les sommets du graphe original étant tous similaires et leurs voisins aussi, quel que soit les résultats de
l'algorithme de détection de communautés, les sommets seront en moyenne
de la même communauté qu'une certaine proportion α de leurs voisins. De
plus l'aspect aléatoire du graphe fait que l'on n'a pas de raison de choisir
certains voisins par rapport à d'autres, on peut donc supposer que cette proportion α concerne des voisins choisis de manière aléatoire et indépendante
à chaque exécution de l'algorithme. De manière strictement équivalente, on
obtient directement que tous les p_{ij} valent environ α.

Bien entendu cet argument ne tient qu'en supposant que tout est aléatoire
et en particulier l'existence de corrélation ou certaines propriétés des sommets

peut nuire à cet argument. C'est par exemple le cas de graphes ayant un très faible degré moyen. En particulier les sommets de degré 1 sont toujours classés dans la communauté de leur unique voisin, un tel argument ne leur est donc pas applicable.

Les valeurs des p_{ij} pour les paires de sommets connectés sont plus élevées que celles des paires de sommets non connectés.

Deux sommets i et j non connectés ayant un p_{ij} non nul ont forcément été classés au moins une fois dans la même communauté. Comme les communautés sont nécessairement connexes dans le graphe original, il existe un chemin les reliant ne comportant que des p_{uv} non nuls. Ils ont par exemple un voisin en commun.

Supposons pour simplifier que i et j aient un unique voisin k en commun. Comme le graphe est pûrement aléatoire, on peut supposer que la probabilité que i et k soient classés dans une même communauté soit $p_{ik} = \alpha$, et celle que j et k soient classés dans une même communauté soit $p_{jk} = \alpha$, et qu'elles sont indépendantes car les liens entre ces trois sommets peuvent aussi bien être à l'intérieur qu'entre les communautés sans aucune corrélation. Ainsi pour que i et j soient classés dans la même communauté, il faut que les deux événements surviennent simultanément, donc $p_{ij} = p_{ik} * p_{jk} = \alpha^2$. Il faut noter que ces calculs n'ont pas de sens dans des graphes réels car l'hypothèse d'indépendance est clairement infondée notamment à cause de la présence de clustering qui exprime une forte corrélation locale.

De manière plus générale, il convient de considérer les cas où i et j n'ont pas de voisin en commun mais sont connectés via un chemin plus long dans le graphe original. On peut se convaincre avec le même type d'arguments que la valeur de p_{ij} sera le produit des p_{uv} avec u et v étant les sommets sur un (plus court) chemin liant i à j, soit $= \alpha^k$ s'il y a k liens sur le chemin.

De même, ce calcul considère que i et j ont un seul voisin en commun. Il est assez simple de calculer p_{ij} dans le cas où les deux sommets ont n voisins en commun qui vaut 1 moins la probabilité que i et j ne soient reliés via aucun voisin en commun, soit $1 - (1 - \alpha^2)^n$. Or, dans l'hypothèse d'un graphe de grande taille ayant un degré moyen faible, la probabilité d'avoir plus d'un voisin en commun dès lors que l'on en a un est très faible[1].

Pour ces raisons, nous pouvons donc supposer que les valeurs des p_{ij} sont plus élevées pour les paires connectés (de l'ordre de α) que pour les paires non connectés (au plus α^2). Toutes les simulations valident ce résultat.

Existence d'une transition de phase.

Si l'on suppose que toutes les paires de sommets (i, j) connectés ont un même $p_{ij} = \alpha$, alors les paires de sommets (u, v) non connectés ont au maximum un $p_{uv} = \alpha^2$.

Ainsi, pour un seuil compris entre α^2 et α, seules les paires de sommets connectés assurent la connexité des cœurs et comme toutes les paires ont le même p_{ij}, nous avons un seul cœur contenant tous les sommets qui est connecté grace aux paires de sommets connectés. Au contraire, dès que le seuil est supérieur à α, aucune paire de sommets (i, j) n'a un p_{ij} supérieur à cette valeur, les cœurs sont donc complètement détruits et on n'a plus que des cœurs triviaux à un seul sommet.

La proportion de liens intra-communautaires vaut α.

Finalement, il est possible de calculer ce seuil. Considérons que $k\%$ des liens sont intra-communautaires, alors cela signifie qu'à chaque exécution de l'algorithme, un sommet sera placé en moyenne avec $k\%$ de ses voisins ou de manière équivalente que chaque voisin sera avec le sommet considéré dans $k\%$ des exécutions. Cette valeur k est donc la valeur des p_{ij} qui correspond au α que nous avons utilisé jusqu'ici.

Calculer exactement cette proportion est un problème qui semble difficile et qui est encore ouvert. Cependant, des études numériques, voir notamment la figure 4.11, montrent que la valeur de α diminue logarithmiquement avec la densité du graphe. Pour des tailles de graphes et des degrés moyens classiques, on obtient en général une valeur de l'ordre de 0.3, ce qui correspond aux seuils observés par exemple sur la figure 4.10. On observe quelques augmentations dans la proportion qui correspondent certainement à des transitions de phases

---

1. Les hypothèses de champ moyen classiques font largement usage du fait qu'un graphe aléatoire dont la taille tend vers l'infini est localement arborescent.

connues sur les graphes aléatoires. Nous n'avons pas pour l'instant tenté de
les comprendre.

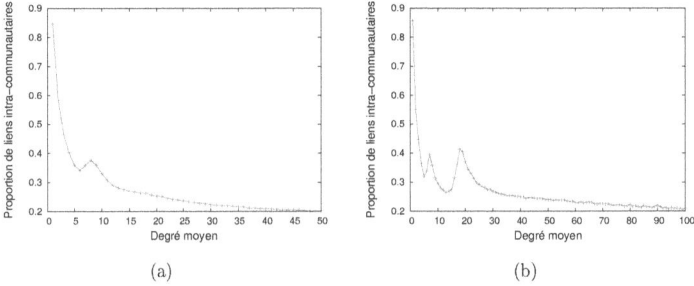

(a)   (b)

FIGURE 4.11 – Proportion de liens intra-communautaires en fonction du degré
moyen dans des graphes aléatoires ayant (a) 1 000 sommets et (b) 10 000
sommets.

4.3   Conclusion

Un des problèmes des algorithmes classiques de détection de communautés
est qu'ils arrivent à trouver des communautés dans des graphes n'en ayant pas
a priori. Cela provient à la fois de fluctuations dans le densité de ces graphes
mais aussi du fait que la modularité peut être élevée pour certains graphes
sans structure communautaire.

Nous avons montré que grâce à notre méthodologie, on peut pallier au
moins partiellement ce problème et indiquer à la fois la présence d'une structure communautaire dans les graphes mais aussi son absence. La raison principale à cela est que dans un graphe sans structure communautaire de très
nombreuses partitions très différentes ont généralement une qualité (modularité) similaire. Ainsi un algorithme non déterministe trouvera d'innombrables
partitions très différentes et on obtiendra peu ou aucun accord entre ces partitions. Au contraire si le graphe contient des communautés, l'algorithme va les
trouver et sera donc beaucoup plus contraint dans ses choix et plus souvent
en accord avec lui même.

Les perspectives sont nombreuses, la première consistant à prouver formellement l'existence d'une transition de phase dans le cas des graphes aléatoires. Ensuite, de nombreux modèles de graphes aléatoires existent sur lesquels il faudrait valider l'absence de cœurs ou leur présence pour les modèles supposés générer des structures communautaire. Il en va de même pour certains types de graphes (grilles, tores, etc.) sur lesquels on peut trouver des communautés.

CHAPITRE 5

Graphes dynamiques et cœurs

La plupart des réseaux d'interaction évoluent au cours du temps. Lorsque nous modélisons ces réseaux par des graphes, cette dynamique se représente par des sommets et/ou des liens qui apparaissent et disparaissent en fonction du temps. Par exemple, 700 000 nouveaux utilisateurs s'inscrivent chaque jour sur Facebook et dans le même temps de nombreux utilisateurs suppriment ou désactivent leur compte. De plus, les utilisateurs trouvent de nouveaux amis et il est aussi possible qu'ils en suppriment certains de leur(s) liste(s) d'amis. De même, dans un réseau de blogs dont les sommets sont les blogs et les liens sont les liens hypertextes entre eux, de nouveaux blogs et hyperliens sont créés quotidiennement. Étudier la dynamique de tels réseaux peut nous permettre par exemple d'étudier l'impact des mouvements sociaux sur la blogsphère. De manière plus générale, cette dynamique joue un rôle essentiel et doit être prise en compte dans l'analyse de ces graphes.

Une approche classique consiste à appliquer des algorithmes statiques à chaque instant de l'évolution d'un réseau dynamique, de manière indépendante, et à suivre les communautés au cours du temps. Étant donné deux instants t et $t + \delta t$ dans l'évolution d'un graphe, nous pouvons ainsi identifier des partitions en communautés du graphe à chacun de ces instants. Chaque communauté du graphe à l'instant t peut être restée identique à l'instant $t + \delta t$, avoir disparu, s'être séparée en sous-communautés ou avoir fusionné avec d'autres communautés, ou un mélange de tout ça. Une approche pour suivre les communautés à chaque instant est proposée dans [81] qui consiste à dire qu'une communauté C_i à l'instant t est devenue la communauté C_j à l'instant $t + \delta t$ si C_i et C_j partagent un certain nombre, à définir, de sommets. Des règles plus complexes permettent de détecter les fusions, scissions, etc.

Il a cependant été montré que l'application directe de méthodes statiques de détection de communautés dans le cas de graphes dynamiques donne de mauvais résultats, ce qui est dû à l'instabilité de tels algorithmes. Comme

montré dans [8] une petite perturbation du graphe peut modifier grandement
la sortie de tels algorithmes : en enlevant un sommet quelconque d'un réseau de
collaboration ayant 9 377 sommets, la distance d'édition entre les partitions
calculées avec la méthode Glouton Rapide avant et après la suppression se
situe entre 2 000 et 3 000 sommets (plus du quart des sommets), ce qui signifie
que autant de sommets changent de communautés. Pour Louvain les résultats
sont entre 1 500 et 2 500 modifications et pour Walktrap aux alentours de
500, ce qui est toujours beaucoup trop pour être utilisable.

Il est possible de trouver les origines de ce non-déterminisme dans les
algorithmes de détection de communautés et d'essayer de les déterminiser.
Par exemple dans la méthode de Louvain, plusieurs choix non déterministes
sont faits durant l'exécution, mais il est montré dans [8] que le gain de stabilité
obtenu avec une version déterministe est assez limité et clairement insuffisant
pour être utilisable.

Nous nous intéressons dans ce chapitre à l'évolution des réseaux sous le
prisme des cœurs de communautés et nous montrons qu'ils semblent mieux
adpatés que les communautés et permettront sans doute à terme de mieux
comprendre la dynamique des graphes.

5.1   Méthodologie

Avant d'étudier de vrais réseaux dynamiques, nous allons simuler une dynamique à partir d'un réseau statique existant. Cette dynamique doit être aussi
simple que possible, être contrôlée et garantir que le réseau garde sa structure
communautaire malgré l'évolution. Les méthodes de génération de graphes
aléatoires ne conviennent donc pas. La méthode que l'on utilise consiste à
enlever un seul sommet d'un réseau statique. Bien que cette dynamique ne
soit pas une dynamique réaliste, elle peut nous aider à estimer la stabilité des
cœurs et à la comparer avec la stabilité des communautés. De plus en fonction du sommet supprimé, important ou pas, on pourra voir l'impact de sa
suppression sur la structure du réseau.

Nous avons appliqué cette dynamique simple à un réseau *d'Emails* ayant
1 133 sommets et 5 451 liens, ainsi qu'au réseau de collaboration NetSci entre
379 chercheurs dans le domaine des réseaux. Dans chacun des cas nous avons

donc considéré pour chaque sommet u le réseau initial après la suppression de ce sommet. On notera $G_u = G \backslash u$ le graphe obtenu en enlevant le sommet u.

Evaluation de l'impact sur la structure des cœurs

Étant donné un graphe dynamique G composé d'une suite de graphes G_t à chaque instant t de son évolution, nous considérons $P^{\mathcal{N}}_{ij\,G_t} = [p_{ijG_t}]^{\mathcal{N}}_{n\times n}$ la matrice des p_{ij} du graphe G_t à l'instant t et $P^{\mathcal{N}}_{ij\,G_{t+1}} = [p_{ijG_{t+1}}]^{\mathcal{N}}_{n\times n}$ la matrice des p_{ij} du graphe G_{t+1} à l'instant $t+1$.

Nous souhaitons dans un premier temps évaluer de manière globale les changements entre les instants t et $t+1$ ce que nous faisons en calculant la distance euclidienne entre ces deux matrice :

$$distance(P^{\mathcal{N}}_{ij\,G_t}, P^{\mathcal{N}}_{ij\,G_{t+1}}) = \sqrt{\sum_{ij\in(G_t\cap G_{t+1})} |p_{ijG_{t+1}} - p_{ijG_t}|^2} \qquad (5.1)$$

Afin d'étudier des changements plus locaux de manière plus simple, nous utilisons aussi la matrice de variation des p_{ij}, noté $[\Delta p_{ij}]^{\mathcal{N}}_{n\times n}$, où $\Delta p_{ij} = p_{ijG_{t+1}} - p_{ijG_t}$.

Finalement, si l'on considère un seul sommet et que l'on souhaite étudier les changements concernant ce sommet, on peut calculer la somme des valeurs absolues de la i-ème ligne de cette matrice :

$$I(i) = \sum_{j=1}^{n} |p_{ijG_{t+1}} - p_{ijG_t}| = \sum_{j=1}^{n} |\Delta p_{ij}| \qquad (5.2)$$

Il faut noter que lorsque $\mathcal{N} = 1$, l'algorithme de détection de cœurs conduit à une des partitions en communautés qu'on peut obtenir avec l'algorithme de Louvain. Nous pouvons donc calculer de même manière les changements dans la structure communautaire du graphe en fixant $\mathcal{N} = 1$.

Dans le cas qui nous occupe pour l'instant, il n'y aura que deux pas de temps, avant et après suppression. Cependant à la fin de ce chapitre nous appliquerons la méthodologie à une dynamique réelle.

5.2   Dynamique simple

5.2.1   Stabilité des cœurs

Afin d'évaluer la stabilité des cœurs et de la comparer avec la stabilité des communautés, nous avons d'abord calculé la matrice des p_{ij} du graphe initial $G(V, E)$, notée $P_{ij}^{\mathcal{N}}{}_{G}$, et les matrices de des graphes G_u notées $P_{ij}^{\mathcal{N}}{}_{G_u}$ en appliquant l'algorithme de détection de cœurs avec $\mathcal{N} = 1000$. Ensuite, nous avons calculé les distances euclidiennes entre $P_{ij}^{\mathcal{N}}{}_{G}$ et toutes les matrices $P_{ij}^{\mathcal{N}}{}_{G_u}$ pour tous les sommets $u \in V$. La figure 5.1 illustre les distributions cumulatives de ces distances pour le réseau d'Emails. Pour $\mathcal{N} = 1$, nous avons exécuté cinq fois l'algorithme afin de nous assurer que ne pas trouver un cas pathologique. Nous observons que les distances euclidiennes pour les cœurs sont beaucoup plus faibles que celles de la structure communautaire.

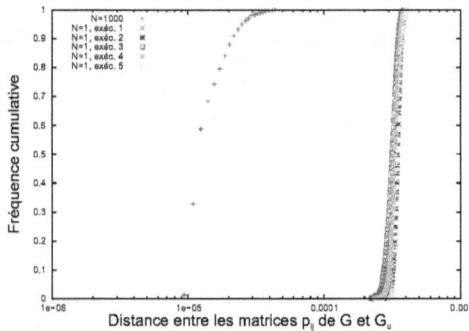

FIGURE 5.1 – Distributions cumulatives des distances euclidiennes entre les matrices avant et après suppression d'un sommet pour les cœurs et les communautés sur le réseau d'Emails.

Nous avons aussi calculé la distance entre les matrices des p_{ij} pour deux exécutions différentes avec $\mathcal{N} = 1$ et avec $\mathcal{N} = 1000$, voir figure 5.2. Cette figure montre un nuage de points illustrant la similarité entre les résultats de deux exécutions : chaque point correspond à un sommet et des coordonnées (x, y) signifient que la suppression de ce sommet a eu un impact x lors d'une exécution et y lors d'une autre. Avec $\mathcal{N} = 1$ on observe une très forte instabilité, la suppression d'un sommet a parfois un impact fort et parfois un impact faible, sans aucune corrélation visible. Au contraire, pour $\mathcal{N} = 1000$ il y une très forte corrélation ce qui est naturel car pour cette valeur les valeurs des p_{ij} ont bien convergé.

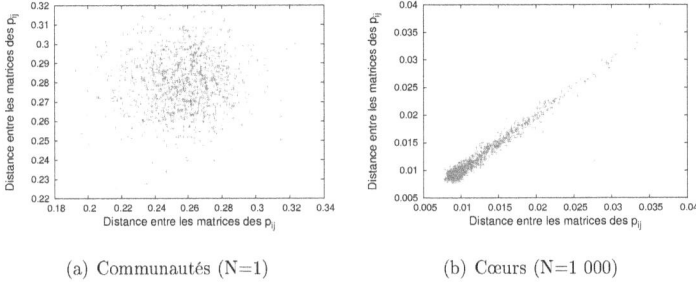

(a) Communautés (N=1)   (b) Cœurs (N=1 000)

FIGURE 5.2 – Corrélations entre deux calculs des coeurs avec (a) $\mathcal{N} = 1$ et (a) $\mathcal{N} = 1000$. Chaque point de coordonnées (x, y) correspond à un sommet et signifie que sa suppression a eu un impact x (la distance euclidienne vaut x) lors d'une exécution et y lors d'une seconde exécution.

Cependant, les matrices de p_{ij} des cœurs contiennent des valeur entre 0 et 1 et les matrices de p_{ij} des communautés sont binaires et ne contiennent que des 0 ou des 1. Pour une comparaison plus précise de ces deux type de matrices moins défavorable aux communautés, nous pouvons transformer les matrices des cœurs en des matrices ne contenant que des 0 et des 1 en les seuillant. Pour cela, nous choisissons un seuil α et nous mettons 0 pour tous les éléments ayant un $p_{ij} < \alpha$ et 1 pour tous les autres :

$$P'^{\mathcal{N}}_{ij\,G_u} = [p'_{ij}]^{\mathcal{N}}_{n \times n} \quad avec \; p'_{ij} = \begin{cases} 0 & p_{ij} < \alpha \\ 1 & p_{ij} \geq \alpha \end{cases}$$

Nous avons calculé les distances euclidiennes entre les matrices des p_{ij} seuillées de G et G_u, i.e. $P'^{\mathcal{N}}_{ij\,G}$ et $P'^{\mathcal{N}}_{ij\,G_u}$ pour tous les $u \in V$ pour différents seuils $\alpha = \alpha_u = x$. Comme la figure 5.3 l'illustre, nous observons que la variation des p_{ij} pour les cœurs est toujours plus faible que celle pour les communautés (visibles sur la figure 5.1) mais plus élevée que pour les matrices non seuillées. On perd donc de l'information en seuillant.

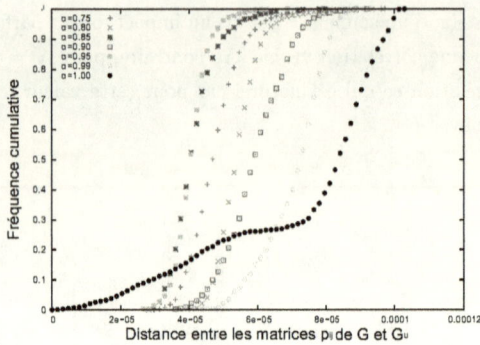

FIGURE 5.3 – Distributions cumulatives des distances euclidiennes entre les matrices avant et après suppression d'un sommet pour les cœurs seuillés. Réseau d'Emails.

Dans cette expérience les seuils choisis pour les matrices de G et G_u, α et α_u étaient les mêmes, or il est parfaitement possible que les cœurs de G avec un seuil α soient très similaires aux cœurs de G_u avec un seuil α_u complètement différent. Nous avons donc aussi étudié les distances entre les matrices dans le cas où α est différent de α_u. Pour cela nous avons testé toutes les combinaisons de α et α_u de 0.5 à 1.0 avec un intervalle de 0.01. Nous avons calculé les distances entre les matrices des p_{ij} seuillées de G et G_u avec α et α_u pour tous les $u \in V$. La figure 5.4 illustre la distance pour tous les α et α_u. Cette figure montre que la distance est généralement minimale quand α et α_u sont proches. Dans le cas qui nous concerne, il est donc préférable de ne pas modifier la valeur du seuil si l'on souhaite faire du suivi de communautés.

5.2.2   Impact sur la structure des cœurs

Pour une suppression d'un sommet u, nous avons aussi calculé la matrice des variations $\Delta p_{ij} = p_{ij_G} - p_{ij_{G_u}}$ et étudié la distribution des valeurs dans cette matrice. Nous observons deux types différents de distributions, comme illustré sur la figure 5.5 pour le réseau d'Emails avec une dynamique simulée. La figure 5.5(a) est la distribution des variation de p_{ij} avant et après la suppression du sommet 830. Nous voyons que sur cette figure les valeurs sont

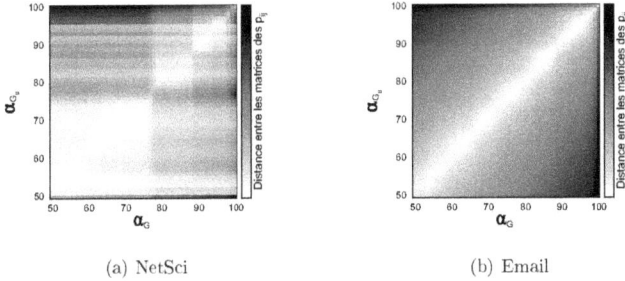

(a) NetSci   (b) Email

FIGURE 5.4 – Distance entre les matrices de p_{ij} de G et G_u seuillée avec différents α et α_u. Plus la couleur est claire, plus les distances sont faibles.

très faibles ce qui signifie que la suppression du sommet 830 n'a qu'une faible influence sur la structure des cœurs. En revanche, pour le sommet 731 (figure 5.5(b)) on peut observer des valeurs beaucoup plus élevées, proches de -1 et 1.

Un $\Delta p_{ij} = 1$ signifie que i et j n'étaient jamais ensemble avant la suppression et sont toujours ensemble après, ce qui signifie que i a rejoint le cœur de j ou vice-versa. De la même manière, un $\Delta p_{ij} = -1$ signifie que i et j étaient toujours ensemble avant la suppression et ne le sont plus jamais après, le cœur contenant i et j a donc été scindé. De nombreuses valeurs proches de -1 ou de 1 dans la distribution signifient donc que la suppression du sommet concerné a un impact fort sur la structure des cœurs.

Détecter automatiquement les cas où on observe un impact fort n'est pas évident, sauf dans quelques cas simples. Nous avons donc décidé de regarder les valeurs maximales et minimales de la distribution. La figure 5.6 montre ces valeurs extrêmes après la suppression d'un sommet, pour tous les sommets du réseau d'Email et du réseau de chercheurs. Nous observons des cas où la suppression d'un sommet a un fort impact (valeurs extrêmes des Δp_{ij} élevées) et d'autres où l'impact est plus limité. En particulier les valeurs moyennes sont plus élevées dans le réseau d'Email que dans celui de collaboration où la plupart des impacts sont très faibles.

Certains cas sont particuliers et n'ont un impact que dans un sens. Par exemple, quand le sommet 376 du réseau de chercheurs est supprimé, nous ne

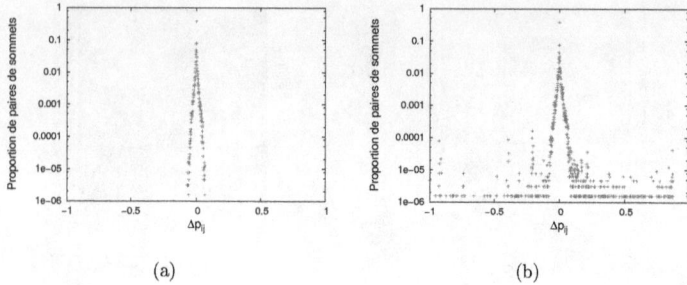

(a)   (b)

FIGURE 5.5 – Distributions des Δp_{ij} pour un sommet ayant un impact faible (a) (distribution proche de 0), et un sommet ayant un impact fort (b) (distribution avec des valeurs proches de 1 et de -1).

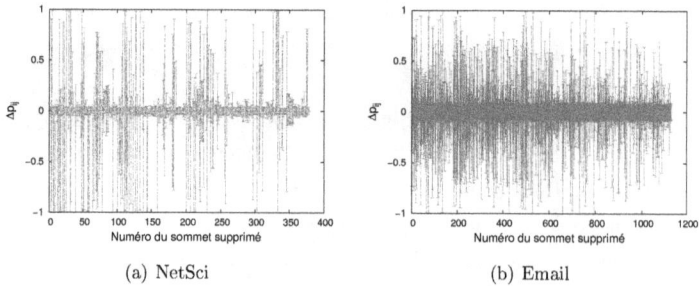

(a) NetSci   (b) Email

FIGURE 5.6 – Variation extrêmes des Δp_{ij} sur les réseaux d'Email et de collaboration. Chaque barre connecte le Δp_{ij} minium au Δp_{ij} maximum.

voyons qu'une variation positive des p_{ij} (ce n'est pas visible directement sur la courbe vu l'échelle). La figure 5.7(a) illustre la distribution des variations des p_{ij} avant et après la suppression de ce sommet. Nous observons que la majorité des Δp_{ij} sont proches de 0 et quelque valeurs proches de 1, ce qui correspond à une fusion de cœurs. Pour aller plus loin, la figure 5.7(b) montre la distribution des impacts $I(i) = \sum_{j=1}^{n} |\Delta p_{ij}|$ sur les sommets. Nous observons que 8 sommets sont très fortement impactés (avec un impact total de 26) et qu'un certain nombre de sommets sont assez fortement impactés (avec un impact total proche de 7).

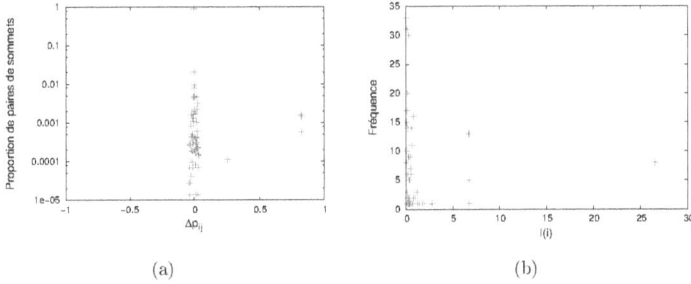

(a)   (b)

FIGURE 5.7 – (a) La distribution des Δp_{ij}, avant et après la suppression du sommet 376 du réseau de chercheurs. (b) La distribution des impacts totaux, $I(i)$, de cette suppression sur chaque sommet i.

La figure 5.8 illustre les cœurs identifiés avec un $\alpha = 0.75$ avant et après la suppression du sommet 376 (identifié par une flèche). Nous pouvons identifier clairement les 8 sommets qui sont fusionnés à un autre cœur.

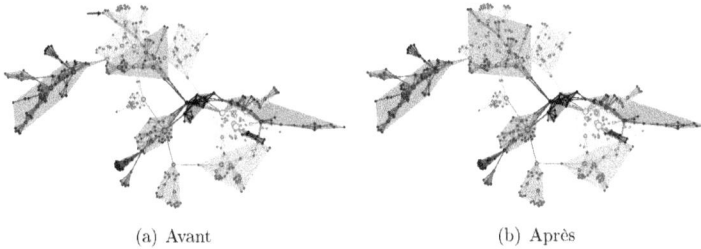

(a) Avant   (b) Après

FIGURE 5.8 – Les cœurs identifiés avant (a) et après (b) la suppression du sommet 376, identifié par une flèche en haut à gauche.

La figure 5.9 précise ces résultats avec un autre type de visualisation et montre à quel point un sommet est impacté par la suppression d'un autre sommet du graphe. Chaque pixel (i, j) indique l'impact total de la suppression du sommet i sur le sommet j. Une ligne horizontale claire pour un sommet signifie donc qu'il n'est jamais impacté par la suppression d'autres sommets. Ces sommets sont plus résistants aux changements du réseau, ce sont généralement des sommets périphériques. En revanche, une ligne horizontale sombre pour un sommet montre que ce sommet est plus sensible et que quel que soit le sommet supprimé, il est fortement impacté. Inversement, une ligne verticale sombre indique que le sommet supprimé avait un rôle important pour la structure des cœurs car sa suppression impacte tous les autres sommets. Au contraire une ligne verticale claire signifie que le sommet supprimé n'impacte rien. On n'observe pas de lignes verticales claires ou sombres, ce qui signifie qu'aucun sommet n'a d'impact sur tout le graphe, ce qui parait naturel, par contre on observe des morceaux de lignes pour des sommets importants.

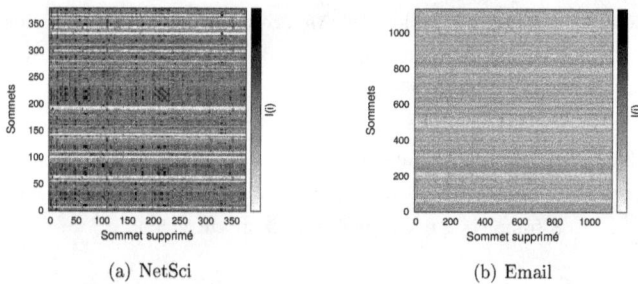

(a) NetSci   (b) Email

FIGURE 5.9 – Le pixel (i, j) indique l'impact total de la suppression du sommet i sur le sommet j, pour deux réseaux.

5.2.3   Localité de d'impact

Nous avons montré que les coeurs sont beaucoup plus stables que les communautés quand le graphe est légèrement modifié, même si la suppression de certains sommets a un impact plus fort. Nous nous intéressons maintenant à savoir si les changement dans la structure des cœurs et dans la structure communautaire sont locaux ou pas.

Pour illustrer la qualité des cœurs par rapport aux communautés, nous avons supprimé un sommet de degré 1 qui semble assez loin des autres sommets du graphe (le sommet 36). La figure 5.10(a) illustre la distribution de variation des p_{ij} avant et après la suppression de ce sommet. La suppression de ce sommet ne devrait donc pas changer la structure communautaire du réseau. Mais comme la figure 5.10(b) le montre pour les communautés ($\mathcal{N} = 1$) de nombreux sommets sont fortement impacté par cette suppression, i.e. ont changé de communauté, tandis qu'aucun sommet n'est impacté pour les cœurs ($\mathcal{N} = 1000$).

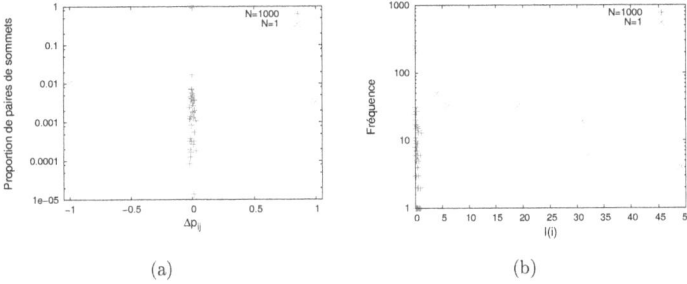

(a)   (b)

FIGURE 5.10 – (a) La distribution de variation des p_{ij} avant et après la suppression du sommet 36 du réseau de chercheurs. (b) La distribution du nombre de sommets, avec un impact donné, pour cette suppression pour $N = 1$ et $N = 1\,000$.

Ces impacts sont aussi représentés sur les figures 5.11 et 5.12. Nous observons beaucoup de changements dans la structure communautaire tandis que rien n'est passé dans la structure des cœurs. Les changements dans la structure communautaire sont principalement des éclatements et des fusions de communautés, mais pas seulement. De plus, cet impact n'est pas local et une communauté positionnée très loin du sommet est séparée en deux sous-communautés et une de ces deux sous-communauté est fusionnée avec une autre communauté.

La figure 5.13 illustre l'impact moyen de la suppression d'un sommet sur les autres sommets du graphe en fonction de leur distance au sommet supprimé pour deux réseaux différents. Nous observons que cet impact pour les cœurs est faible et très localisé en général.

Malgré tout, nous observons parfois des impacts forts sur des sommets plus éloignés de la modification. Par exemple, comme la figure 5.14 l'illustre, la suppression du sommet 112 du réseau NetSci a un impact fort sur des sommet qui sont à distance 10 et 11 de lui. La figure 5.15 montre le réseau du chercheurs et les couleurs indiquent pour chaque sommet à quel point il est

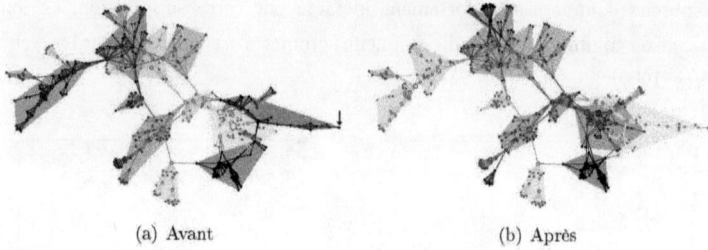

(a) Avant   (b) Après

FIGURE 5.11 – Les communautés avant et après de la suppression du sommet 36 du réseau NetSci.

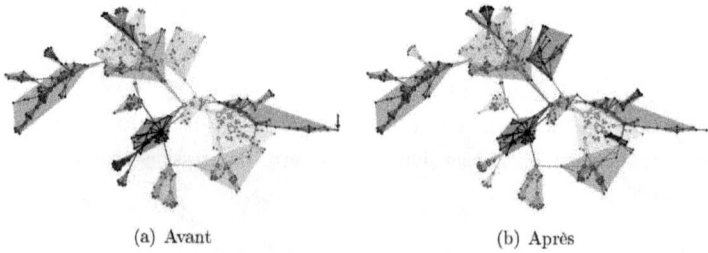

(a) Avant   (b) Après

FIGURE 5.12 – Les cœurs avant et après la suppression du sommet 36 du réseau NetSci.

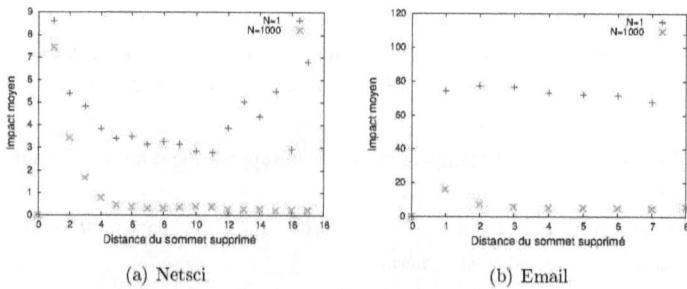

(a) Netsci   (b) Email

FIGURE 5.13 – Suppression d'un sommet. Impact moyen sur les sommets à distance k du sommet supprimé en fonction de k.

impacté par la suppression du sommet 112 (indiqué par une flèche). Plus un sommet est impacté, plus il est rouge et l'on peut voir des sommets fortement impactés, qui sont à distance 10 et 11 du sommet 112, affichés dans un cercle.

Ce résultat est à la fois négatif pour les cœurs et aussi très contre-intuitif car les cœurs sont justement censés absorber les variations non locales dues aux instabilités de l'algorithme. Nous avons donc tenté d'en comprendre la cause et pour cela nous avons étudié quelques cas particuliers de sommets dont la suppression provoque un impact clairement non local. La conclusion est qu'à chaque fois nous observons un problème de résolution limite, tel qu'expliqué dans la section 2.3.4. Ce problème implique que plus le réseau est grand, plus les communautés le sont et donc les cœurs aussi. Comme la figure 5.16 l'illustre, les sommets impactés par la suppression du sommet 112 se séparent en deux sous-cœurs. Le même impact s'observe avec la suppression d'autres sommets de fort degré eux aussi. Par contre la suppression de sommets de faible degré ne provoque pas de cassure.

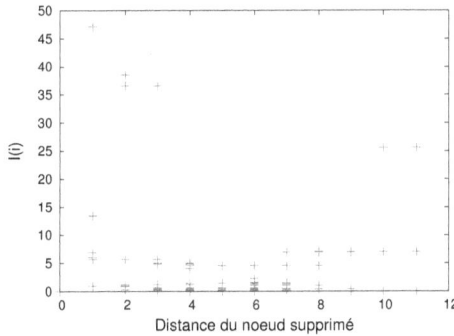

FIGURE 5.14 – Impact de la suppression du sommet 112. Chaque point de coordonnées (x, y) correspond à un sommet i à distance x du sommet 112 tel que $I(i) = y$.

Valider ces résultats et trouver une méthodologie permettant de distinguer les cas de résolution limite des cas d'impact réel est une perspective importante de ce travail.

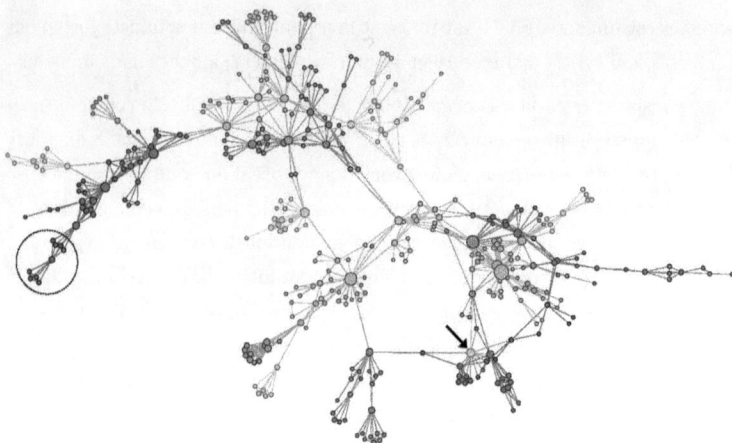

FIGURE 5.15 – Impact de la suppression du sommet 112 (pointé par la flèche) sur les autres sommets du réseau NetSci. La couleur d'un sommet indique à quel point il est impacté par la suppression, les rouges intenses indiquant des impacts plus forts.

(a) Avant   (b) Après

FIGURE 5.16 – Les cœurs identifiés avant et après la suppression du sommet 112 avec mise en évidence du problème de résolution limite pour le cœur marron à gauche.

5.3 Dynamique réelle

Finalement, nous souhaitons maintenant étudier un cas plus réaliste de dynamique réelle. L'une des applications majeure est de détecter automatiquement des événements dans les dynamiques de graphes de terrain. Même s'il est difficile de définir clairement ce qu'est un événement, dans notre cas cela consiste à identifier des modifications profondes, occasionnelles et inhabituelles qui ne sont pas conformes au "comportement attendu". Une anomalie par exemple peut être supposée lorsqu'une forte modification du nombre de noeuds et/ou de liens est observée entre deux pas de temps successifs. Dans le contexte des cœurs cela peut correspondre à une forte variation de la structure.

Nous allons utiliser le réseau `mrinfo` comme exemple de réseau dynamique. Ce réseau à l'avantage d'avoir un dynamique assez lente mais avec quelques événements clairement identifié.

5.3.1   Réseau `mrinfo`

Ce réseau correspond à une cartographie de la topologie des routeurs multicast sur Internet, mesurée à l'aide de l'outil `mrinfo`. Cet outil permet de demander à un routeur multicast la liste de ses voisins. Chaque jour, `mrinfo` a été lancé sur un premier routeur puis récursivement sur chacun de ses voisins à la manière d'un parcours en largeur. Cette mesure a été menée durant plusieurs années ce qui a permis d'obtenir une carte dynamique des routeurs multicasts (voir [69] pour plus de détails concernant la mesure).

A titre de comparaison nous avons étudié les données de l'année 2005 qui ont déjà été utilisées dans la thèse de Thomas Aynaud [9] afin de pouvoir comparer ses résultats avec les nôtres. Les données utilisées représentent donc 365 pas de temps (jours) contenant chacun 3 114 sommets et 7 523 liens en moyenne (voir la figure 5.17).

5.3.2   Evolution des cœurs

Il est clairement montré dans [9] que l'application directe des algorithmes de détection de communautés, tels que la méthode de Louvain, indépendamment à chaque pas de temps n'est pas convenable pour faire du suivi de communautés à cause de leur instabilité. Une approche proposée par Thomas Aynaud, appelée Louvain stabilisée, consiste à changer l'initialisation de la méthode à chaque instant en prenant en compte les communautés trouvées à l'instant précédent. Nous allons maintenant appliquer notre algorithme de détection de cœurs au réseau `mrinfo` et comparer nos résultats avec les résul-

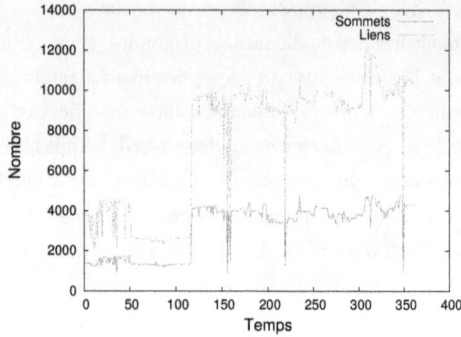

FIGURE 5.17 – Evolution du nombre de sommets et de liens sur le réseau Mrinfo au cours du temps.

tats obtenus par la méthode de Louvain classique et la méthode de Louvain stabilisée.

La figure 5.18 illustre la distance d'édition entre les partitions de deux pas de temps successifs pour la méthode de Louvain, Louvain stabilisée ainsi que les cœurs. Nous observons que les cœurs sont beaucoup plus stables que Louvain classique mais moins stables que la méthode de Louvain stabilisée. Nous avons choisi un seuil 0.86 pour les cœurs, qui donne les résultats les plus stables.

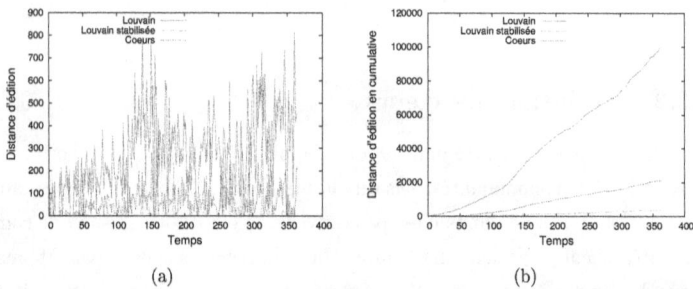

(a)   (b)

FIGURE 5.18 – Distance d'édition entre deux pas de temps successifs (a) et cumul des distances au cours du temps (b). Les cœurs sont identifiés avec $\mathcal{N} = 1000$ et $\alpha = 0.86$. Réseau `mrinfo`.

Bien que la méthode de Louvain stabilisée soit plus stable, elle a un défaut majeur qui est qu'elle utilise la partition de l'instant précédent comme initialisation de l'instant courant. Cela aide l'algorithme mais en même temps lui impose une contrainte car il peut avoir du mal à changer radicalement la partition imposée. Les résultats de l'algorithme sur une dynamique peuvent donc être fortement liés à la première partition initiale dont la significativité est limitée. Comme la figure 5.19 l'illustre, lorsqu'on applique Louvain stabilisé plusieurs fois au même réseau, il y a des pics de modifications qui changent de position selon l'exécution et certains qui restent en place. Cela signifie que les événements observés avec cette méthode sont assez dépendant de la première partition trouvée et sont donc sujets à caution.

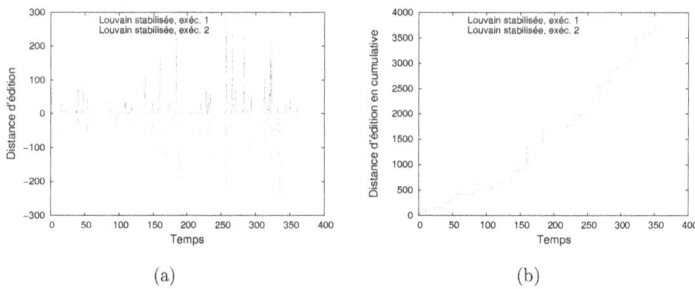

(a)(b)

FIGURE 5.19 – (a) Distance d'édition et distance cumulative entre deux pas de temps successifs pour deux exécution différentes de Louvain stabilisée sur le réseau `mrinfo`. Les résultats de la deuxième exécution sont présentés avec des valeurs négatives pour augmenter la lisibilité des courbes. (b) cumul des distances pour les deux exécutions.

Pour les cœurs (figure 5.20) les pics indiquant de grosses variations sont naturellement toujours au même endroit car les calculs sur chaque pas de temps sont indépendants. Il y a quelques différences non visibles dues au fait que l'algorithme n'a pas entièrement convergé après 1 000 exécutions.

Un défaut de la distance édition est que cette mesure nécessite une bijection entre les deux partitions considérées et pénalise donc les éclatements et les fusions des communautés ou des cœurs. Pour calculer la distance d'édition nous avons aussi besoin de fixer un seuil pour chacune des partitions afin que

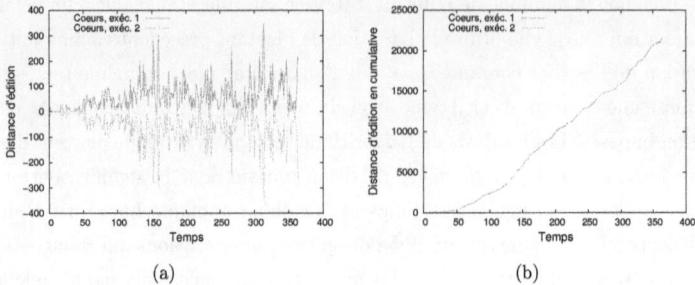

(a)   (b)

FIGURE 5.20 – (a) Distance d'édition et distance cumulative entre deux pas de temps successifs pour deux exécutions différentes des cœurs sur le réseau `mrinfo`. Les résultats de la deuxième exécution sont présentés avec des valeurs négatives pour augmenter la lisibilité des courbes. Les pics se produisent aux mêmes endroits. (b) cumul des distances pour les deux exécutions.

l'on puisse identifier des cœurs. La distance euclidienne entre les matrices des p_{ij} représente mieux le taux de changement dans la structure des cœurs.

La figure 5.21 illustre la distance euclidienne entre les matrices de p_{ij} entre deux pas successives du temps pour la méthode de Louvain ($\mathcal{N} = 1$), Louvain stabilisée ainsi que les cœurs.

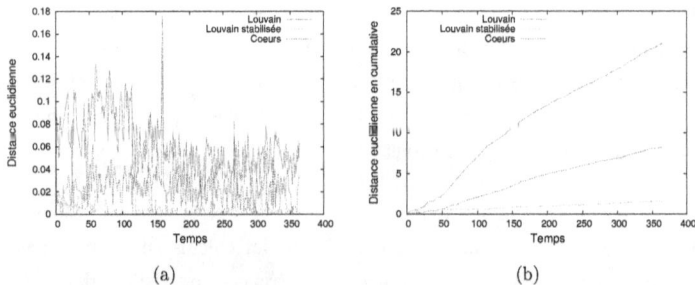

(a)   (b)

FIGURE 5.21 – (a) Distance euclidienne entre les matrices des p_{ij} entre deux pas de temps successif pour le réseau `mrinfo`. (b) Cumul des distances.

Dans tous les cas, nous observons régulièrement des modifications de la structure des cœurs. Il reste donc d'une part à pouvoir éliminer les effets liés à la résolution limite qui peuvent polluer les résultats, puis à valider la qualité des décompositions obtenues.

5.4 Conclusion

Nous avons montré que les algorithmes de détection de communautés sont trop instables et donc non convenables pour une application à des graphes dynamiques. En effet, de très faibles perturbations du réseau impliquent une transformation majeure du résultat. Des approches stabilisées existent mais ont généralement du mal à identifier des événements et à suivre les communautés car le non déterminisme reste présent dans leur initialisation.

Nous avons étudié dans ce chapitre la stabilité des cœurs dans les graphes dynamiques, tout d'abord via une dynamique simple et contrôlable ce qui nous a permis de montrer que les cœurs sont beaucoup plus stables que les communautés. Nous avons aussi montré que l'influence des changements sur la structure des cœurs est très majoritairement locale, problèmes de résolution limite exceptés, alors que les impacts sont généralement globaux pour les communautés et donc difficilement interprétables.

Nous avons ensuite montré l'efficacité de notre approche en l'appliquant à des graphes dynamiques réels sur lesquels nous avons montré que les cœurs sont plus stables que les approches classiques et bien que moins stables que certaines stabilisées, ils sont au moins déterministes.

Le problème de l'étude des communautés dans les graphes dynamiques est encore à ses débuts et de nombreuses perspectives existent. Tout d'abord il convient de valider clairement la dynamique des cœurs, notamment en trouvant des arguments formels permettant de distinguer les modifications réelles de celles dues à la résolution limite, voire de trouver un moyen de supprimer ce problème.

Ensuite, il faudrait valider la dynamique des cœurs sur des graphes réels, par exemple en comparant les moments avec des distances euclidiennes élevées pour les comparer à des événements connus ou inconnus. Bien entendu il faudra utiliser plusieurs graphes différents avec plusieurs types de dynamiques, lentes ou rapides.

Enfin, il serait possible de prendre d'autres approches classiques de détection de communautés dans les graphes dynamiques et de leur appliquer la méthodologie des cœurs. Par exemple la méthode de Louvain stabilisée est non déterministe et fournit à chaque exécution une partition par pas de temps. Plutôt que de calculer des cœurs à chaque instant, il serait possible de calculer des cœurs dynamiques en cherchant les similarités entre différentes exécutions de Louvain stabilisé par exemple.

CHAPITRE 6

Conclusion

Nous nous sommes intéressés dans ce livre aux problèmes des algorithmes de détection de communautés, notamment leur non-déterminisme et leur instabilité qui en découle. Nous avons vu que la plupart des algorithmes de détection de communautés utilisent des méthodes heuristiques qui conduisent à différentes partitions ayant généralement une qualité similaire de sorte qu'il n'y a pas de raison de préférer l'une à l'autre. Ainsi, les résultats obtenus avec tels algorithmes ne sont pas toujours significatifs.

Nous avons étudié dans le chapitre 3 une méthodologie qui tire parti de ce non-déterminisme afin d'améliorer les résultats obtenus avec les techniques actuelles de détection de communautés. Nous avons proposé une nouvelle définition du concept de communautés fortes ou cœurs de communautés basée sur le principe classique que si plusieurs exécutions d'un algorithme non-déterministe se mettent d'accord sur certains ensembles de sommets, alors ces ensembles de sommets peuvent être considérés comme plus significatifs.

L'algorithme proposé pour l'identification des cœurs de communautés consiste à appliquer $\mathcal{N}$ fois un algorithme non-déterministe de détection de communautés à un graphe donné et à prendre les groupes de sommets souvent ensemble (avec un seuil α à définir) comme les cœurs de communautés. Nous avons montré que lorsque le nombre d'exécutions $\mathcal{N}$ augmente, la structure hiérarchique des cœurs converge. Nous avons aussi montré la significativité des cœurs en appliquant notre méthodologie à des graphes réels et artificiels. Nous avons montré en utilisant plusieurs métriques que pour certaines valeurs du seuil, les cœurs sont plus significatifs que les communautés obtenues avec des techniques classiques.

Dans le chapitre 4 nous avons étudié la structure des cœurs des graphes aléatoires. Nous avons vu que les algorithmes de détection de communautés trouvent des partitions en communautés ayant une modularité élevée dans des graphes n'ayant pourtant aucune structure communautaire intrinsèque, notamment les graphes aléatoires. Nous avons appliqué notre approche à deux modèles différents de graphes aléatoires, notamment le modèle d'Erdös-Rényi et le modèle configurationnel et nous avons montré que l'on n'arrive pas à trouver de cœurs dans de tel graphes, hormis des cœurs triviaux. Notre approche nous permet donc de distinguer les graphes ayant une structure communautaire de ceux qui n'en ont pas, indépendamment de la modularité.

Dans ce contexte, nous avons en particulier mis en évidence un phénomène de transition de phase : en-dessous d'un certain seuil, on ne trouve qu'un cœur alors qu'au-dessus de ce seuil, on ne trouve plus que des cœurs avec un seul sommet. Nous n'avons pas réussi à trouver une preuve complète de ce résultat mais nous avons présenté une ébauche de preuve qui contient la plupart des arguments nécessaires.

Nous avons étudié également l'évolution des cœurs dans des réseaux dynamiques. Nous avons vu que l'instabilité des algorithmes de détection de communautés rend le suivi de communautés très difficile dans les graphes de terrain dynamiques. Nous avons simulé une dynamique simple avec une evolution contrôlable consistant à supprimer un seul sommet pour étudier l'impact de cette suppression. Cela nous a permis de confirmer que les algorithmes classique de détection de communautés sont trop instables et donnent des résultats irréalistes : une seule suppression implique beaucoup de modifications de la structure communautaire, ce qui montre que les résultats sont plus liés à l'instabilité des algorithmes qu'à l'évolution de la structure des graphes.

Nous avons ensuite étudié la stabilité des cœurs et nous avons montré qu'il y a très peu de changements dans leur structure pour la même dynamique : les cœurs sont donc beaucoup plus stables que les communautés. Nous avons aussi montré que la suppression d'un sommet a un impact majoritairement local sur la structure des cœurs tandis qu'elle peut impacter globalement la structure des communautés. Nous avons identifié un cas d'impact global dans la structure des cœurs qui est lié au problème de la résolution limite. Une fois identifié, ce problème peut plus simplement être pris en compte.

Nous avons finalement étudié une dynamique réelle pour un réseau de routeurs multicast et nous avons montré que bien que notre méthode soit moins stable qu'une méthode antérieure, Louvain stabilisée, nous bénéficions de tous les avantages des cœurs, notamment en termes de pertinence. En particulier les approches précédentes sont très dépendantes de la configuration initiale et chaque exécution donne des résultats stables mais différents.

Perspectives

Les perspectives sont nombreuses sur chacun des axes présentés ci-dessus. Nous en présentons un certain nombre.

D'un point de vue méthodologique, il serait pertinent de pouvoir déterminer la bonne valeur de $\mathcal{N}$. Nous avons vu que la variation des p_{ij} tend vers zéro lorsque le nombre d'exécutions augmente. Il est donc possible de choisir un $\mathcal{N}$ assez élevé ou de mettre fin aux itérations lorsque cette variation est négligeable. Le temps de calcul de l'algorithme de détection de cœurs étant $\mathcal{N}$ fois le temps de calcul de l'algorithme non-déterministe de détection de communautés choisi, trouver un $\mathcal{N}$ optimum peut donc accélérer la procédure. De plus, nous avons vu qu'une valeur trop élevée de $\mathcal{N}$ augmente le risque de trouver des partitions de mauvaise qualité et peut amener un surdécoupage de la structure, ce qui peut détruire notamment les cœurs pour une seuil 1.

Nous avons vu qu'en faisant varier le seuil α, on peut repérer la structure hiérarchique des cœurs. Il sera donc nécessaire de proposer une méthode pour identifier automatiquement la ou les bonnes valeurs du seuil α afin de rendre la méthode plus utilisable. Des approches qui essaient de trouver le nombre ou la taille optimum des communautés peuvent être utiles.

Enfin, et dans l'objectif de valider plus précisément l'utilité des cœurs, il faudrait étudier d'autres modèles de graphes artificiels avec une structure communautaire connue que celui de Girvan-newman, qui possède uniquement quatre communautés de la même taille. En particulier nous prévoyons d'utiliser le modèle proposé par A. Lancichinetti [54] qui contient des communautés hétérogènes.

Sur les aspects liés aux graphes aléatoires, la perspective majeure est de finir la preuve théorique pour l'inexistence de cœurs dans les graphes aléatoires. Nous avons présenté des résultats numériques montrant l'inexistence de cœurs dans les graphes aléatoires ainsi que des arguments qui peuvent nous aider dans ce sens.

D'autre part, il conviendrait d'étudier d'autre modèles de graphes aléatoires, notamment des modèles à base d'attachment préférentiel [11], des modèles de graphes de co-occurrence [46] ou avec duplication de sommets [16]. Il
serait aussi pertinent d'étudier des types de graphes particuliers sur lesquels
on sait qu'il n'y a pas de structure communautaire mais sur lesquels on peut
trouver des partitions de bonne modularité, tels que les grilles et les tores.

Dans le cadre des graphes dynamiques, et comme nous souhaitons le faire
pour les graphes statiques, il n'est pas évident de choisir les seuils pour deux
pas de temps successifs. En effet, on peut obtenir une meilleure similarité en
choisissant deux seuils différents à des instants consécutifs.

Ensuite il convient de mettre plus clairement en évidence les problèmes
liés à la résolution limite afin de pouvoir décrire de manière fine les évolutions
de la structure hiérarchique des cœurs.

Il faudrait aussi analyser des dynamiques réelles avec des événements
connus afin de valider la stabilité des cœurs. Le problème pour cela est le
manque de jeux de données contenant des événements clairs et documentés.
On dispose toutefois de certaines mesures d'Internet avec des bases de données de tickets d'incidents décrivant de tels événements, mais il y a peu de
tickets. Dans tous les cas, corréler les moments ou ces événements arrivent
avec les moments ou il y a un changement fort dans la structure des cœurs
nous permettrait de valider notre approche.

Enfin, une approche déjà présentée, Louvain stabilisé, consistait à initiali-
ser l'algorithme à chaque instant avec les résultats trouvés à l'instant d'avant.
On pourrait reprendre cette idée et la mélanger avec le principe des cœurs
de deux manières. Tout d'abord au lieu de partir avec une partition quelconque, on pourrait démarrer avec les cœurs comme partition initiale. De
manière inverse, on pourrait calculer plusieurs exécutions complètes sur une
durée donnée et faire des cœurs de communautés dynamiques.

Finalement, les cœurs peuvent permettre d'avancer dans d'autres domaines.
Tout d'abord ils pourraient permettre de valider et corriger des classification
manuelles en identifiant des sommets qui sont clairement mal classifiés.

Une autre application concerne la prédiction des liens. On a pu voir que
l'on peut trouver des paires de sommets non-connectés ayant un p_{ij} élevé, ce
qui indique que malgré l'absence de lien, ces sommet ont une forte tendance

à être reliés. Cela pourrait être utilisé pour la prédiction de liens dans les graphes dynamiques afin de savoir quels sont les prochains liens qui vont potentiellement apparaître. De la même manière un p_{ij} faible pour une paire de sommet connectés montre que les sommets i et j ne sont pas si connectés que ça et que la relation pourrait donc disparaître dans le futur.

Un autre problème proche concerne les données manquantes ou bruitée, dans lesquelles certains liens sont absents ou sont présent alors qu'ils ne devraient pas. La valeur de p_{ij} d'une paire de sommets pourrait nous aider à identifier de tels liens.

Enfin, la structure communautaire hiérarchique a déjà été utilisée dans le contexte de la visualisation de graphes afin de permettre de naviguer dans la structure et dans le graphe, comme l'approche proposée dans l'annexe A. La structure hiérarchique des cœurs pourrait permettre de faire la même chose, avec par exemple des outils permettant de faire varier le seuil pour zoomer ou dézoomer sur une zone.

Bibliographie

[1] J. Abello, F. Van Ham, and N. Krishnan. Ask-graphview : A large scale graph visualization system. *Visualization and Computer Graphics, IEEE Transactions on*, 12(5) :669–676, 2006. (Cité en page 121.)

[2] E. Adar. Guess : a language and interface for graph exploration. In *Proceedings of the SIGCHI conference on Human Factors in computing systems*, pages 791–800. ACM, 2006. (Cité en pages 121 et 123.)

[3] R. Albert and A.L. Barab ási. Statistical mechanics of complex networks. *Reviews of modern physics*, 74(1) :47, 2002. (Cité en page 9.)

[4] R. Albert, H. Jeong, and A.L. Barabási. The diameter of the world wide web. *Arxiv preprint cond-mat/9907038*, 1999. (Cité en pages 2 et 8.)

[5] D. Archambault, T. Munzner, and D. Auber. Grouseflocks : Steerable exploration of graph hierarchy space. *Visualization and Computer Graphics, IEEE Transactions on*, 14(4) :900–913, 2008. (Cité en page 121.)

[6] D. Auber, Y. Chiricota, M. Delest, G. Melançon, J.P. Domenger, P. Mary, et al. Visualisation de graphes avec tulip : exploration interactive de grandes masses de données en appui à la fouille de données et à l'extraction de connaissances. 2007. (Cité en page 121.)

[7] D. Auber, Y. Chiricota, F. Jourdan, G. Melançon, et al. Multiscale visualization of small world networks. In *Proc. IEEE Symposium on Information Visualization*, pages 75–81, 2003. (Cité en pages 121 et 124.)

[8] T. Aynaud and J.L. Guillaume. Static community detection algorithms for evolving networks. In *Modeling and Optimization in Mobile, Ad Hoc and Wireless Networks (WiOpt), 2010 Proceedings of the 8th International Symposium on*, pages 513–519. IEEE, 2010. (Cité en pages 22 et 84.)

[9] Thomas Aynaud. *Di¿½tection de communauti¿½s dans les ri¿½seaux dynamiques*. PhD thesis, Universiti¿½ Pierre er Marie Curie, 2011. (Cité en page 97.)

[10] A. Banerjee, I.S. Dhillon, J. Ghosh, and S. Sra. Clustering on the unit hypersphere using von mises-fisher distributions. *Journal of Machine Learning Research*, 6(2) :1345, 2006. (Cité en page 54.)

[11] A.L. Barab ási and R. Albert. Emergence of scaling in random networks. *Science*, 286(5439) :509, 1999. (Cité en pages 9 et 106.)

[12] M. Bastian, S. Heymann, and M. Jacomy. Gephi : An open source software for exploring and manipulating networks. In *International AAAI Conference on Weblogs and Social Media*, pages 361–362, 2009. (Cité en page 25.)

[13] V. Batagelj, A. Mrvar, Physics University of Ljubljana. Institute of Mathematics, and Mechanics. Dept. of Mathematics. Pajek : analysis and visualization of large networks. 2003. (Cité en page 121.)

[14] E.A. Bender and E.R. Canfield. The asymptotic number of labeled graphs with given degree sequences. *Journal of Combinatorial Theory, Series A*, 24(3) :296–307, 1978. (Cité en pages 12, 68 et 70.)

[15] J.W. Berry, B. Hendrickson, R.A. LaViolette, and C.A. Phillips. Tolerating the community detection resolution limit with edge weighting. *Physical Review E*, 83(5) :056119, 2011. (Cité en page 20.)

[16] A. Bhan, D.J. Galas, and T.G. Dewey. A duplication growth model of gene expression networks. *Bioinformatics*, 18(11) :1486, 2002. (Cité en page 106.)

[17] C.E. Bichot and P. Siarry. Partitionnement de graphe : optimisation et applications. *Hermes Science*, 2010. (Cité en page 17.)

[18] I. Bifulco, C. Fedullo, F. Napolitano, G. Raiconi, and R. Tagliaferri. Robust clustering by aggregation and intersection methods. In *Knowledge-Based Intelligent Information and Engineering Systems*, pages 732–739. Springer, 2008. (Cité en page 35.)

[19] V.D. Blondel, J.L. Guillaume, R. Lambiotte, and E. Lefebvre. Fast unfolding of communities in large networks. *Journal of Statistical Mechanics : Theory and Experiment*, 2008 :P10008, 2008. (Cité en pages 17, 18, 23, 24, 38, 58 et 122.)

[20] S. Boccaletti, V. Latora, Y. Moreno, M. Chavez, and D.U. Hwang. Complex networks : Structure and dynamics. *Physics reports*, 424(4) :175–308, 2006. (Cité en page 27.)

[21] François Boutin. *Filtrage, partitionnement et visualisation multi-échelles de graphes d'interactions à partir d'un focus*. PhD thesis, Université

Montpellier II - Sciences et Techniques du Languedoc, 28/11/2005. (Cité en page 124.)

[22] U. Brandes, D. Delling, M. Gaertler, R. Goerke, M. Hoefer, Z. Nikoloski, and D. Wagner. Maximizing Modularity is hard. *ArXiv Physics e-prints*, August 2006. (Cité en page 123.)

[23] U. Brandes, D. Delling, M. Gaertler, R. Gorke, M. Hoefer, Z. Nikoloski, and D. Wagner. On finding graph clusterings with maximum modularity. In *Graph-Theoretic Concepts in Computer Science*, pages 121–132. Springer, 2007. (Cité en pages 13 et 21.)

[24] U. Brandes and C. Pich. An experimental study on distance-based graph drawing. In *Graph Drawing*, pages 218–229. Springer, 2009. (Cité en page 121.)

[25] I.M. Chakravarti and R.G. Laha. Handbook of methods of applied statistics. 1967. (Cité en page 39.)

[26] A. Clauset, M.E.J. Newman, and C. Moore. Finding community structure in very large networks. *Physical review E*, 70(6) :066111, 2004. (Cité en page 16.)

[27] L.F. Costa, O.N. Oliveira Jr, G. Travieso, F.A. Rodrigues, P.R.V. Boas, L. Antiqueira, M.P. Viana, and L.E.C. Da Rocha. Analyzing and modeling real-world phenomena with complex networks : A survey of applications. *Arxiv preprint arXiv :0711.3199*, 2007. (Cité en page 1.)

[28] Fabien de Montgolfier, Mauricio Soto, and Laurent Viennot. Asymptotic modularity of some graph classes. In *ISAAC*, pages 435–444, 2011. (Cité en page 22.)

[29] J. Diederich and T. Iofciu. Finding communities of practice from user profiles based on folksonomies. In *Proceedings of the 1st International Workshop on Building Technology Enhanced Learning solutions for Communities of Practice*, pages 288–297. Citeseer, 2006. (Cité en page 25.)

[30] R. Dunbar. *Grooming, gossip, and the evolution of language*. Harvard Univ Pr, 1998. (Cité en page 20.)

[31] P. Eades and Q.W. Feng. Multilevel visualization of clustered graphs. In *Graph drawing*, pages 101–112. Springer, 1997. (Cité en page 121.)

[32] P. Eades and M.L. Huang. Navigating clustered graphs using force-directed methods. *J. Graph Algorithms Appl.*, 4(3) :157–181, 2000. (Cité en page 121.)

[33] P. Erdös and A. Rényi. On random graphs, i. *Publicationes Mathematicae (Debrecen)*, 6 :290–297, 1959. (Cité en pages 67 et 68.)

[34] M. Faloutsos, P. Faloutsos, and C. Faloutsos. On power-law relationships of the internet topology. In *ACM SIGCOMM Computer Communication Review*, volume 29, pages 251–262. ACM, 1999. (Cité en pages 2 et 8.)

[35] S. Fortunato. Community detection in graphs. *Physics Reports*, 486(3-5) :75–174, 2010. (Cité en pages 14 et 15.)

[36] S. Fortunato and M. Barthélemy. Resolution limit in community detection. *Proceedings of the National Academy of Sciences*, 104(1) :36, 2007. (Cité en page 20.)

[37] A.L.N. Fred and A.K. Jain. Robust data clustering. 2003. (Cité en page 35.)

[38] A. Frick, A. Ludwig, and H. Mehldau. A fast adaptive layout algorithm for undirected graphs (extended abstract and system demonstration). In *Graph Drawing*, pages 388–403. Springer, 1995. (Cité en page 121.)

[39] T.T. Georgiou, J. Karlsson, and M.S. Takyar. Metrics for power spectra : An axiomatic approach. *Signal Processing, IEEE Transactions on*, 57(3) :859–867, 2009. (Cité en page 39.)

[40] D. Gfeller, J.C. Chappelier, and P. De Los Rios. Finding instabilities in the community structure of complex networks. *Physical Review E*, 72(5) :056135, 2005. (Cité en pages 32 et 34.)

[41] E.N. Gilbert. Random graphs. *The Annals of Mathematical Statistics*, pages 1141–1144, 1959. (Cité en page 68.)

[42] M. Girvan and M.E.J. Newman. Community structure in social and biological networks. *Proceedings of the National Academy of Sciences*, 99(12) :7821, 2002. (Cité en pages 2, 10, 14, 27, 28 et 58.)

[43] B.H. Good, Y.A. de Montjoye, and A. Clauset. Performance of modularity maximization in practical contexts. *Physical Review E*, 81(4) :046106, 2010. (Cité en page 21.)

[44] R. Guimera, L. Danon, A. Diaz-Guilera, F. Giralt, and A. Arenas. Self-similar community structure in a network of human interactions. *Physical Review E*, 68(6) :065103, 2003. (Cité en page 27.)

[45] R. Guimera, M. Sales-Pardo, and L.A.N. Amaral. Modularity from fluctuations in random graphs and complex networks. *Physical Review E*, 70(2) :025101, 2004. (Cité en pages 22, 67, 71 et 78.)

[46] J. Gustedt, H. Raghavan, P. Schimit, et al. Exploring the random genesis of co-occurrence graphs. 2010. (Cité en page 106.)

[47] X. Huang, P. Eades, and W. Lai. A framework of filtering, clustering and dynamic layout graphs for visualization. In *Proceedings of the Twenty-eighth Australasian conference on Computer Science-Volume 38*, pages 87–96. Australian Computer Society, Inc., 2005. (Cité en page 124.)

[48] L. Hubert and P. Arabie. Comparing partitions. *Journal of classification*, 2(1) :193–218, 1985. (Cité en pages 53, 55 et 58.)

[49] B. Karrer, E. Levina, and MEJ Newman. Robustness of community structure in networks. *Physical Review E*, 77(4) :046119, 2008. (Cité en pages 22 et 32.)

[50] H.W. Kuhn. The hungarian method for the assignment problem. *Naval research logistics quarterly*, 2(1-2) :83–97, 1955. (Cité en page 56.)

[51] R. Lambiotte. Multi-scale modularity in complex networks. In *Modeling and Optimization in Mobile, Ad Hoc and Wireless Networks (WiOpt), 2010 Proceedings of the 8th International Symposium on*, pages 546–553. IEEE, 2010. (Cité en page 35.)

[52] A. Lancichinetti. Community detection algorithms : a comparative analysis. *Physical Review E*, 80(5) :056117, 2009. (Cité en pages 38 et 58.)

[53] A. Lancichinetti and S. Fortunato. Limits of modularity maximization in community detection. *Arxiv preprint arXiv :1107.1155*, 2011. (Cité en page 20.)

[54] A. Lancichinetti, S. Fortunato, and F. Radicchi. Benchmark graphs for testing community detection algorithms. *Physical Review E*, 78(4) :046110, 2008. (Cité en page 105.)

[55] M. Latapy, C. Magnien, R. Fournier, and M. Seifi. Maps of paedophile activity. 2009. (Cité en page 120.)

[56] C. Magnien, M. Latapy, and J.L. Guillaume. Impact of random failures and attacks on poisson and power-law random networks. *ACM Computing Surveys (CSUR)*, 43(3) :13, 2011. (Cité en page 67.)

[57] S. Mancoridis, B.S. Mitchell, C. Rorres, Y. Chen, and E.R. Gansner. Using automatic clustering to produce high-level system organizations of source code. In *Program Comprehension, 1998. IWPC'98. Proceedings., 6th International Workshop on*, pages 45–52. IEEE, 1998. (Cité en page 11.)

[58] M. Meila. Comparing clusterings : an axiomatic view. In *Proceedings of the 22nd international conference on Machine learning*, pages 577–584. ACM, 2005. (Cité en page 55.)

[59] S. Milgram. The small world problem. *Psychology today*, 2(1) :60–67, 1967. (Cité en page 8.)

[60] T. Moscovich, F. Chevalier, N. Henry, E. Pietriga, and J.D. Fekete. Topology-aware navigation in large networks. In *Proceedings of the 27th international conference on Human factors in computing systems*, pages 2319–2328. ACM, 2009. (Cité en page 121.)

[61] A. Nanopoulos, H.H. Gabriel, and M. Spiliopoulou. Spectral clustering in social-tagging systems. *Web Information Systems Engineering-WISE 2009*, pages 87–100, 2009. (Cité en page 25.)

[62] M.E.J. Newman. The structure of scientific collaboration networks. *Proceedings of the National Academy of Sciences*, 98(2) :404, 2001. (Cité en page 27.)

[63] M.E.J. Newman. The structure and function of complex networks. *SIAM review*, pages 167–256, 2003. (Cité en page 27.)

[64] M.E.J. Newman. Fast algorithm for detecting community structure in networks. *Physical Review E*, 69(6) :066133, 2004. (Cité en page 15.)

[65] M.E.J. Newman. Finding community structure in networks using the eigenvectors of matrices. *Physical Review E*, 74(3) :036104, 2006. (Cité en page 27.)

[66] M.E.J. Newman and M. Girvan. Finding and evaluating community structure in networks. *Physical review E*, 69(2) :026113, 2004. (Cité en pages 11 et 122.)

[67] M.E.J. Newman, S.H. Strogatz, and D.J. Watts. Random graphs with arbitrary degree distributions and their applications. *Physical Review E*, 64(2) :026118, 2001. (Cité en page 70.)

[68] G. Palla, I. Derényi, I. Farkas, and T. Vicsek. Uncovering the overlapping community structure of complex networks in nature and society. *Arxiv preprint physics/0506133*, 2005. (Cité en page 24.)

[69] J.J. Pansiot, P. Mérindol, B. Donnet, and O. Bonaventure. Extracting intra-domain topology from mrinfo probing. In *Passive and Active Measurement*, pages 81–90. Springer, 2010. (Cité en page 97.)

[70] S. Papadopoulos, A. Vakali, and Y. Kompatsiaris. Community detection in collaborative tagging systems. *Community-Built Databases : Research and Development*, page 107, 2011. (Cité en page 25.)

[71] D. Pfitzner, R. Leibbrandt, and D. Powers. Characterization and evaluation of similarity measures for pairs of clusterings. *Knowledge and Information Systems*, 19(3) :361–394, 2009. (Cité en pages 51 et 55.)

[72] P. Pons and M. Latapy. Computing communities in large networks using random walks. *Computer and Information Sciences-ISCIS 2005*, pages 284–293, 2005. (Cité en pages 15 et 16.)

[73] Wang Qinna and Eric Fleury. Detecting overlapping communities in graphs. In *European Conference on Complex Systems (ECCS 2009)*, Warwick Royaume-Uni, 2009. (Cité en pages 11, 35 et 39.)

[74] W.M. Rand. Objective criteria for the evaluation of clustering methods. *Journal of the American Statistical association*, pages 846–850, 1971. (Cité en page 53.)

[75] J. Reichardt and S. Bornholdt. Statistical mechanics of community detection. *Physical Review E*, 74(1) :016110, 2006. (Cité en pages 22, 67 et 71.)

[76] M. Rosvall and C.T. Bergstrom. Mapping change in large networks. *PloS one*, 5(1) :e8694, 2010. (Cité en pages 32 et 33.)

[77] L. Salwinski, C.S. Miller, A.J. Smith, F.K. Pettit, J.U. Bowie, and D. Eisenberg. The database of interacting proteins : 2004 update. *Nucleic acids research*, 32(suppl 1) :D449–D451, 2004. (Cité en page 27.)

[78] R. Schifanella, A. Barrat, C. Cattuto, B. Markines, and F. Menczer. Folks in folksonomies : social link prediction from shared metadata. In *Proceedings of the third ACM international conference on Web search and data mining*, pages 271–280. ACM, 2010. (Cité en page 25.)

[79] Massoud Seifi, Jean-Loup Guillaume, Ivan Junier, Jean-Baptiste Rouquier, and Svilen Iskrov. Stable community cores in complex networks. In *3rd Workshop on Complex Networks (CompleNet 2012)*, 2012. (Cité en page 123.)

[80] L. Specia and E. Motta. Integrating folksonomies with the semantic web. *The semantic web : research and applications*, pages 624–639, 2007. (Cité en page 25.)

[81] M. Spiliopoulou, I. Ntoutsi, Y. Theodoridis, and R. Schult. Monic : modeling and monitoring cluster transitions. In *Proceedings of the 12th ACM SIGKDD international conference on Knowledge discovery and data mining*, pages 706–711. ACM, 2006. (Cité en page 83.)

[82] V. Spirin and L.A. Mirny. Protein complexes and functional modules in molecular networks. *Proceedings of the National Academy of Sciences*, 100(21) :12123, 2003. (Cité en page 24.)

[83] D. Steinley. Properties of the hubert-arable adjusted rand index. *Psychological Methods*, 9(3) :386, 2004. (Cité en page 53.)

[84] A. Strehl and J. Ghosh. Cluster ensembles—a knowledge reuse framework for combining multiple partitions. *The Journal of Machine Learning Research*, 3 :583–617, 2003. (Cité en pages 55 et 58.)

[85] C. Tominski, J. Abello, and H. Schumann. Cgv–an interactive graph visualization system. *Computers & Graphics*, 33(6) :660–678, 2009. (Cité en page 121.)

[86] N.X. Vinh, J. Epps, and J. Bailey. Information theoretic measures for clusterings comparison : is a correction for chance necessary ? In *Proceedings of the 26th Annual International Conference on Machine Learning*, pages 1073–1080. ACM, 2009. (Cité en pages 55 et 58.)

[87] N.X. Vinh, J. Epps, and J. Bailey. Information theoretic measures for clusterings comparison : Variants, properties, normalization and correc-

tion for chance. *The Journal of Machine Learning Research*, 9999 :2837–2854, 2010. (Cité en page 55.)

[88] K. Wakita and T. Tsurumi. Finding community structure in mega-scale social networks :[extended abstract]. In *Proceedings of the 16th international conference on World Wide Web*, pages 1275–1276. ACM, 2007. (Cité en page 16.)

[89] W.W. Zachary. An information flow model for conflict and fission in small groups. *Journal of anthropological research*, pages 452–473, 1977. (Cité en page 26.)

Visualisation interactive multi-échelle des grands graphes : application à un réseau de blogs

De nombreux réseaux du monde réel peuvent être modélisés par des grands graphes. Réduire la complexité d'un graphe de manière à ce qu'il puisse être facilement interprété par l'œil humain est une aide précieuse pour comprendre et analyser ce type de données. Nous comparons ici deux approches de regroupement de sommets en communautés et proposons une visualisation interactive multi-échelle de grands graphes basée sur ces classifications hiérarchiques des sommets qui nous permettent de représenter ces graphes de manière lisible et interprétable. Nous appliquons ensuite notre méthodologie à un réseau de blogs francophones afin d'illustrer rapidement les avantages et inconvénients de cette approche.

A.1 Introduction

De nombreux réseaux d'interaction peuvent se modéliser par des graphes et ce dans différents contextes comme l'informatique (réseaux de pages web, d'échanges pair-à-pair), la sociologie (réseaux de collaboration), la biologie (interactions protéiniques), la linguistique (réseaux de synonymie), etc. Une visualisation lisible et intuitive de ces graphes peut nous aider à comprendre la structure globale des données sous-jacentes. Cependant, les outils actuels de visualisation de graphes sont généralement limités à des ensembles de données de quelques milliers de sommets et sont donc incapables de traiter de très grands graphes. Or, cette limite ne permet pas d'appréhender la plupart des grands graphes que l'on rencontre dans le monde réel, appelés "graphes de terrain".

Afin de pallier ce problème, nous proposons ici de précalculer une structure multi-échelle pour le graphe à visualiser et de n'afficher que des groupes de sommets et les liens entre ces groupes au lieu d'afficher tous les sommets simultanément. Nous ajoutons de plus des fonctionnalités permettant de naviguer dans cette structure multi-échelle, c'est-à-dire d'éclater des clusters en représentant leurs sous-groupes ou, au contraire, de les fusionner pour obtenir une vision plus macroscopique du graphe. Cette méthodologie nous a permis de traiter les réseaux de très grande taille, notamment un réseau contenant 275 millions de sommets et 16 milliards de liens [55]. Les données étudiées dans la suite sont beaucoup plus petites mais permettent de valider plus clairement l'approche ainsi que de comparer plusieurs approches de calcul de structure communautaire multi-échelle.

La suite de cet article est organisée comme suit : dans la section A.2 nous présentons les différentes approches nécessaires à la visualisation hiérarchique de graphes de terrains. Dans la section A.3 nous présentons un ensemble de structures de données et les principes de base nécessaires à une gestion efficace de l'interaction. Enfin, nous illustrons notre approche dans la section A.4 en l'appliquant à un réseau de blogs francophones sur un exemple concret, avant de conclure et de présenter les perspectives de ces travaux dans la section A.5.

A.2   Contexte

Afin de pouvoir visualiser de grands graphes de manière multi-échelle, il est nécessaire de pouvoir les décomposer en une hiérarchie de groupes et de représenter ces groupes au lieu de l'ensemble des sommets qu'ils contiennent. Notre objectif n'est pas ici de redévelopper un outil de dessin de graphes, nous utilisons donc un outil existant auquel nous ajoutons des fonctionnalités pour gérer la structure multi-échelle et permettre de naviguer dans celle-ci. La comparaison de deux approches différentes de détection de ces groupes constitue la partie centrale de cet article et la visualisation permet d'illustrer de manière précise les résultats.

A.2.1   Approches similaires

La visualisation d'information est un domaine très vaste pour lequel un grand nombre d'algorithmes ont été développés, tels que [38] ou plus récemment [24].

Ces méthodes ont été intégrées dans plusieurs outils, notamment CGV [85], GUESS [2], Tulip [6], ASK-GraphView [1] et Pajek [13].

La visualisation de graphes en utilisant leur structure hiérarchique est une approche importante pour traiter les données de grands réseaux. Certaines approches visualisent le graphe à différents niveaux de hiérarchie en une seule fois [31] , [32]. Certaines méthodes permettent des interactions utilisateur sur la structure hiérarchique de graphe [5], [7]. Cependant, ces approches ne fournissent pas souvent des informations utiles sur les propriétés structurelles sur les sommets et les arêtes agrégées.

Archambault *et al.*[5] proposent une méthode de représentation et de navigation interactive appelée GrouseFlocks qui permet de visualiser les graphes en certaines structures topologiques telles que les sous-arbres et les composantes biconnexes obtenues par un algorithme de partitionnement. Cette approche est basée sur l'idée principale de dessiner chaque sous-graphe à la demande en utilisant l'algorithme approprié pour dessiner le sous-graphe correspondant. GrouseFlocks utilise un système d'animation pour rendre plus aisée la compréhension des modifications engendrées. Il offre également la possibilité de modifier l'arbre de hiérarchie et ainsi la possibilité de corriger les erreurs d'agrégation de l'algorithme automatique.

D'autres approches associent interaction et navigation, comme [60] qui introduisent deux techniques de navigation dans les grands graphes. L'une, intitulée "link sliding", permet de suivre facilement des liens qui nous intéressent, l'autre "Bring & Go" permet d'approcher les voisins d'un sommet. Malgré tout, cette approche s'intéresse plus à l'aspect navigation "locale" que multi-échelle.

Parmi ces approches, nous avons choisi l'outil de visualisation (GUESS) avec son algorithme de dessin GEM, décrit dans la section A.2.3. Cet outil contient en plus un langage interprété combiné à une interface graphique qui nous permet d'interagir avec le graphe de différentes manières. Cette possibilité combinée avec notre approche permet à l'utilisateur de calculer les propriétés structurelles sur les sommets et les arêtes agrégées et faire des manipulations telles que filtrage au niveau des communautés.

A.2.2 Construction de la structure multi-échelle

La structure multi-échelle doit rendre compte de la topologie du réseau étudié et l'approche classique est de construire des groupes de sommets aussi liés que possible entre eux, tout en limitant au maximum le nombre de liens entre les groupes. Cette notion intuitive de partition d'un graphe en groupes, ou communautés, est capturée par la modularité, introduite dans [66], qui associe à une partition $P = \{p_1, ..., p_k\}$ des sommets d'un graphe G la valeur définie comme :

$$Q(P) = \sum_{p \in P} (\frac{l_p}{L} - (\frac{d_p}{2L})^2)$$

où L représente le nombre de liens du graphe, d_p la somme des degrés des sommets dans p et l_p le nombre de liens à l'intérieur de p. Donc $\frac{l_p}{L}$ représente la proportion de liens du graphe à l'intérieur de p et $\frac{d_p}{2L}$ la proportion de liens du graphe connectés à p. Cette valeur est toujours entre -1 et 1 et permet de comparer les qualités de deux partitions pour un même graphe. Une bonne modularité est toujours positive et la qualité augmente avec la modularité.

De nombreuses méthodes d'optimisation de la modularité ont été proposées au cours des dernières années avec deux objectifs principaux : l'amélioration de la qualité et la réduction de la complexité du calcul de l'algorithme. Nous avons ici choisi d'utiliser la méthode heuristique de [19] qui est beaucoup plus rapide que la majorité des autres approches tout en étant au moins aussi efficace dans la plupart des cas.

Obtenir une partition du graphe n'est pas suffisant, aussi pour obtenir la structure multi-échelle complète, nous avons tout d'abord partitionné le graphe puis réappliqué l'algorithme de partitionnement sur chaque communauté de manière récursive. Ceci nous donne donc une hiérarchie de communautés, sous-communautés, sous-sous-communautés, etc. Tous les niveaux de cette hiérarchie ne sont pas forcément pertinents mais le problème consistant à déterminer ceux qui le sont dépasse le cadre de ce travail. Nous calculons donc ici la structure complète en redécomposant les communautés jusqu'à obtenir des communautés à un seul sommet.

La maximisation de modularité est un problème NP-difficile [22], on ne peut donc chercher que des solutions approchées à l'aide de méthodes heuristiques dans la grande majorité des cas. Ces méthodes heuristiques fournissent généralement différentes hiérarchies ayant une qualité similaire selon l'initialisation de la méthode et il n'y a généralement pas de raison de préférer l'une à l'autre. Aussi, malgré la popularité de la modularité, la significativité des résultats n'est pas évidente. De plus, ces algorithmes peuvent trouver des communautés avec une modularité élevée dans les graphes n'ayant aucune structure communautaire intrinsèque, notamment les graphes aléatoires.

Afin de pallier ces problèmes nous utilisons ici l'idée présentée dans [79] qui consiste à exécuter n fois un algorithme de détection de communautés puis à relier ensemble les paires de sommets qui sont classifiées de manière identique dans au moins $\alpha\%$ des exécutions. Les composantes connexes du graphe obtenues par cette suite d'opérations sont appelées des α-cœurs. Il est possible de montrer qu'avec un seuil $\beta > \alpha$ la partition en β-cœurs est un raffinement de la partition en α-cœurs. En conséquence, en faisant varier le seuil α on obtient une hiérarchie de cœurs. Seules les valeurs du seuil α pour lesquelles un découpage intervient effectivement sont utiles.

Dans la suite nous utilisons les deux approches décrites précédemment pour obtenir une structure hiérarchique : la maximisation simple de la modularité avec redécoupage récursif des communautés et le calcul des α-cœurs pour toutes les valeurs significatives du seuil α.

A.2.3 Outil de visualisation : GUESS

L'objectif n'est pas de redévelopper un outil de visualisation de graphes mais plutôt d'étendre un outil existant avec les fonctionnalités de navigation dans la structure multi-échelle.

Les outils de manipulation de graphes sont nombreux mais, parmi ces outils, nous avons utilisé GUESS (*The Graph Exploration System*) développé en Java et distribué sous licence GPL [2]. Cet outil contient en plus un langage interprété, nommé Gython (similaire à Python avec des commandes spécifiques pour les graphes) combiné à une interface graphique 2D qui nous permet d'interagir avec le graphe de différentes manières. Les fonctions coûteuses sont donc implémentées directement en Java.

A.2.4 Filtrage

Quel que soit le système de visualisation, un nombre trop élevé de sommets ou de liens perturbe la visualisation. On a par conséquent souvent besoin de filtrer les graphes avant de pouvoir les représenter en enlevant un certain nombre de sommets ou de liens. Cela doit bien sûr être effectué en modifiant aussi peu que possible la topologie sous-jacente.

Un bon filtrage a pour objectif de réduire la taille du graphe en enlevant le "bruit" et de mettre en évidence des sommets et des liens importants. Les critères de filtrage sont basés sur les propriétés quantitatives ou qualitatives des sommets ou des liens. Une métrique doit donc être donnée ou calculée sur les sommets ou les liens. Dans [47] une fonction est proposée pour quantifier l'importance de chaque sommet. Plusieurs méthodes sont possibles pour les sommets (selon le degré, la centralité globale, le coefficient de clustering, etc.) et les liens (force, coefficient de centralité, etc.) [21]. Dans la visualisation multi-échelle, nous pouvons également faire du filtrage de sommets (qui sont des communautés) selon leur taille (nombre de sommets dans la communauté) ou leur densité de liens (i.e. le nombre de liens entre deux communautés divisé par le nombre maximum de liens qui pourraient exister : $d_l = l_{c_i,c_j}/(C_{c_i} * C_{c_j})$, où l_{c_i,c_j} est le nombre de liens entre c_i et c_j, et C_{c_x} est le nombre de sommets dans la communauté c_x). De même pour les liens il est possible de faire des suppressions en fonction du poids ou de la densité.

Des cas plus spécifiques ont aussi été proposés, notamment dans [21] qui propose une technique de filtrage contextuelle autour d'un focus, ou [7] qui propose une métrique pour identifier les liens les plus faibles dans un réseau petit-monde. Nous utilisons plusieurs de ces approches dans la suite.

A.3 Visualisation interactive multi-échelle

A.3.1 Stockage de graphe

Le stockage de graphe et de la hiérarchie de communautés ou de cœurs a une importance primordiale car il conditionne l'utilisabilité de l'outil. En effet,

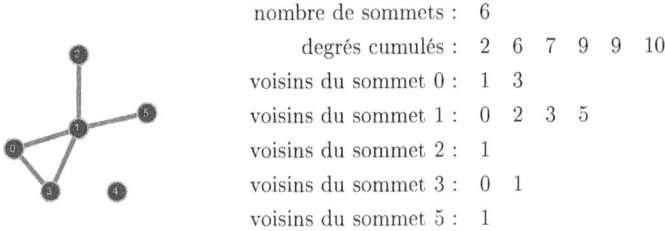

FIGURE A.1 – Stockage de graphe au format binaire

pour que l'interaction soit maximale, il est nécessaire que la visualisation soit rapide et qu'il soit aisé de se déplacer dans la structure hiérarchique. Afin de garantir un temps de réponse le plus court possible, nous avons fait le choix de calculer à l'avance une structure hiérarchique étendue, contenant non seulement les liens à chaque niveau, mais aussi les liens d'appartenance des sommets aux communautés et ce, à chaque niveau.

Afin d'accélérer le chargement en mémoire dans le logiciel, tous les fichiers sont convertis à l'avance dans un format binaire simple. Pour un graphe simple, le fichier contient : le nombre de sommets, les degrés des sommets de manière cumulative, la liste des voisins de chaque sommet (voir figure A.1).

Chaque lien est stocké dans les deux sens, ce qui augmente la taille du fichier mais accélère l'accès aux voisins de chaque sommet. La taille du fichier est donc $(1 + \text{nombre de sommets} + 2 * \text{nombre de liens}) * 4$ octets (si chaque entier est stocké sur 4 octets). Les éventuelles pondérations sont toujours stockées dans un fichier annexe afin de pouvoir les modifier sans changer le fichier du graphe lui-même.

A.3.2 Stockage de la hiérarchie

La hiérarchie est aussi précalculée et stockée dans plusieurs fichiers distincts [1] :

- un fichier contenant le nombre de niveaux de l'arbre ainsi que le nombre de sommets/communautés à chaque niveau ;

---

1. Nous parlons de communautés même dans le cas des cœurs partout où cela ne prête pas à confusion

- un fichier stockant la communauté père de chaque sommet/communauté ;
- un fichier stockant le nombre de fils (sous-communautés) de chaque communauté puis la liste des fils (sous-communautés) de chaque communauté ;
- un fichier contenant le nombre de sommets dans chaque communauté ;
- d'autres propriétés de sommets et de liens, notamment des propriétés précalculées nécessaires pour un filtrage spécifique, peuvent être fournies dans un fichier à part. Le système autorise des propriétés unidimensionnelles (par exemple, un poids), ou multidimensionnelles (par exemple, un ensemble de mots clefs).

À partir de ces différents fichiers (construits via la sortie des algorithmes de détection de communautés et de cœurs), il est possible de construire le graphe complet de la structure hiérarchique contenant un *graphe de communautés* pour chaque niveau de la hiérarchie ainsi que tous les liens de parenté entre tous les sommets de tous les niveaux. Ce graphe peut être créé par l'algorithme 3. Un exemple est donné sur la figure A.2(b), pour lequel un lien entre deux sommets génère des liens entre les communautés parentes sur plusieurs niveaux ainsi que des liens entre les sommets/communautés des différents niveaux.

Algorithme 3 Algorithme de création de la hiérarchie complète

1: **pour** chaque niveau de la hiérarchie n **faire**
2:    **pour** chaque lien du graphe au niveau n entre s_i et s_j **faire**
3:       $p_i \leftarrow$ le père de s_i
4:       $p_j \leftarrow$ le père de s_j
5:       **tantque** $p_i\,!{=}p_j$ **faire**
6:          **si** pas de lien entre p_i et p_j **alors**
7:             créer un lien entre p_i et p_j
8:          créer un lien entre s_i et p_j
9:          créer un lien entre s_j et p_i
10:          $p_i \leftarrow$ le père de p_i
11:          $p_j \leftarrow$ le père de p_j

Il faut noter que la structure hiérarchique complète simplifie significativement la navigation mais le temps de calcul de cette hiérarchie peut être

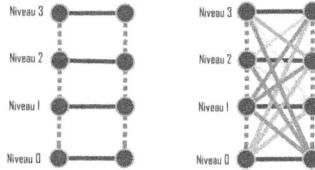

FIGURE A.2 – Hiérarchie simplifiée (a) et complète (b) pour chaque lien du graphe

élevé. Sur des graphes de taille raisonnable cela peut être fait sans problème. Par contre, sur de très grands graphes, il est possible soit de précalculer la structure complète ce qui simplifie la navigation mais prend du temps, soit de se restreindre à la structure simplifiée. La seule structure simplifiée limite l'interactivité, car il est alors nécessaire de générer les parties manquantes à la volée (voir figure A.2).

A.3.3   Visualisation

Visualisation multi-échelle

Le concept de base de la visualisation multi-échelle est de ne pas dessiner tout le graphe, ce qui de toute manière est pratiquement impossible pour les très grands graphes et n'apporte que peu d'information même pour des graphes ayant des milliers de sommets. L'objectif est plutôt de dessiner les graphes entre communautés aux niveaux les plus hauts de la structure hiérarchique en réduisant la complexité du graphe par filtrage des sommets et des liens si nécessaire. En outre, la possibilité de navigation dans la hiérarchie nous permet d'explorer le graphe en éclatant ou en fusionnant des communautés.

Comme la figure A.3 l'illustre, à chaque étape plusieurs ensembles de sommets sont remplacés par la communauté correspondante.

Taille des sommets et des liens

Plusieurs approches sont possibles pour représenter la taille des communautés et des liens. La contrainte qui se pose est que cette taille est très

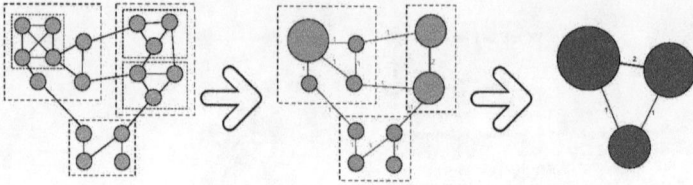

FIGURE A.3 – Remplacement des sommets par des communautés

variable, ce qui nécessite de considérer des fonctions de ces valeurs plutôt que les valeurs elle-mêmes.

Ainsi, de manière assez classique, nous choisissons ici de représenter une communauté sous la forme d'un cercle avec une surface proportionnelle au nombre de sommets qu'elle contient, donc avec un rayon en racine du nombre de sommets dans la communauté.

De même, l'épaisseur d'un lien entre deux communautés correspond au logarithme du poids de ce lien pour les graphes pondérés, où le poids d'un lien entre deux communautés est égal à la somme des poids des liens entre les sommets des communautés qui les contiennent. Pour les graphes non pondérés, on peut considérer la densité en termes de liens.

A.3.4 Interaction et navigation

La navigation et l'interaction sont des fonctionnalités essentielles dans le domaine de la visualisation de l'information. Elles peuvent aider les utilisateurs à révéler des structures spécifiques dans les grands graphes. Nous pouvons éclater une communauté en sous-communautés, ou au contraire fusionner un ensemble de sous-communautés en une seule communauté. Ceci nous permet d'explorer le graphe à différents niveaux de hiérarchie.

A.4 Application à un réseau de blogs

Le corpus analysé dans cet article a été obtenu par l'exploration quotidienne de 3 975 blogs pendant 4 mois en 2008/2009. Ces blogs ont été choisis en fonction de leur popularité et de leur activité dans la blogosphère française. L'un des intérêts principaux de ce jeu de données est que tous les blogs ont été classifiés et étiquetés à la main, ce qui nous permettra d'étudier l'impact des traitements différents sur la visualisation. Ce classement manuel fournit trois niveaux d'abstraction : continent, région et territoire, (du plus général au plus spécifique). La couche continent (resp. région, territoire) est composée de 3 (resp. 16, 124) groupes : Loisirs, Société et Individualité. Un exemple d'étiquette de blog sur ces 3 niveaux est "loisirs/culture/musique".

À partir de ces blogs, nous construisons un graphe dans lequel les sommets sont les blogs. Chaque blog est constitué d'un ensemble de billets (posts) qui peuvent contenir des liens hypertextes vers des posts antérieurs (appartenant ou non au même blog). Deux blogs sont reliés dans le graphe s'il existe au moins un post de l'un de ces blogs qui cite un post de l'autre blog via un lien hypertexte. Les liens entre blogs sont pondérés par le nombre de liens hypertextes entre les posts associés.

A.4.1   La structure hiérarchique du graphe de blogs

Afin de disposer d'une structure hiérarchique pour ce graphe, nous avons utilisé les deux algorithmes présentés précédemment : l'algorithme de détection de communautés et celui de détection de cœurs. L'algorithme de détection de communautés a produit une structure à 7 niveaux contenant au niveau le plus élevé 61 communautés alors que l'algorithme de détection de cœurs a produit une structure avec 56 niveaux (voir figure A.4). Il faut noter que l'on souhaite parfois regarder plusieurs niveaux simultanément en différents endroits du graphe. La coupe la plus intéressante peut donc être obtenue à partir de différentes niveaux de la hiérarchie, et posséder plus de niveaux permet donc potentiellement d'étudier plus en détail la hiérarchie, au prix d'une complexité plus grande.

La figure A.5 présente la structure hiérarchique des cœurs plus en détail. Nous voyons que pour de petites valeurs du seuil α, il existe toujours un cœur géant qui contient presque tous les sommets. Même quand la valeur du seuil augmente, ce cœur reste de grande taille et il contient encore 596 sommets avec la valeur maximale du seuil. Ces 596 sommets sont donc toujours classés dans la même communauté quelle que soit l'exécution de l'algorithme sous-jacent. En parallèle, nous observons qu'avec l'augmentation du seuil, le nombre de cœurs augmente et que leur taille moyenne diminue.

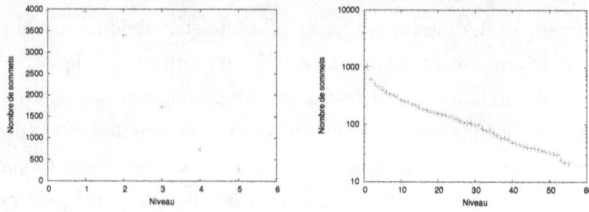

FIGURE A.4 – Comparaison du nombre de groupes par niveau dans la structure communautaire et dans la structure en cœurs

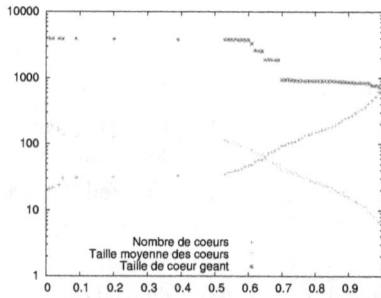

FIGURE A.5 – Structure hiérarchique des cœurs en fonction du seuil α. Seules les valeurs de α pour lesquelles un découpage réel a lieu sont représentées

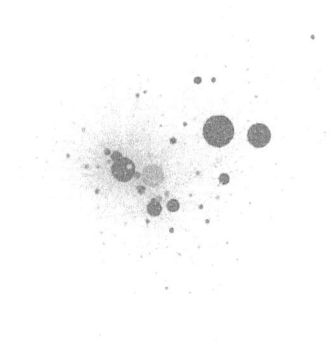

FIGURE A.6 – Graphe des blogs au plus haut niveau de la hiérarchie des cœurs.
Plus l'intensité de la couleur est forte, plus la significativité du cœur associé est élevée (la significativité est calculée comme la valeur p)

Bien que la structure en cœurs pour un seuil $\alpha = 1$ contienne des cœurs de grande taille, ces cœurs sont malgré tout significatifs. La figure A.6 illustre ceci en représentant le graphe entre cœurs. On peut y voir que même les cœurs de grande taille sont significatifs (en termes de valeur p).

A.4.2 Comparaison des communautés et des cœurs

La figure A.7 compare la partition manuelle à trois niveaux aux partitions en communautés et en cœurs à l'aide de l'information mutuelle. On observe sur les figures A.7(a) et A.7(b) que le découpage en cœurs est moins similaire à la partition manuelle que le découpage en communautés pour les continents et les régions sauf pour quelques valeurs du seuil α. Au contraire, pour les territoires, la figure A.7(c) montre une plus forte similarité des cœurs pour des valeurs élevées du seuil. Il faut noter d'une part que l'information mutuelle donne ce type de résultats mais que d'autres mesures peuvent donner des résultats inverses et que sur d'autres réseaux la qualité des cœurs est très souvent supérieure à celle des communautés.

Dans cet article nous nous concentrons plus sur les communautés mais il

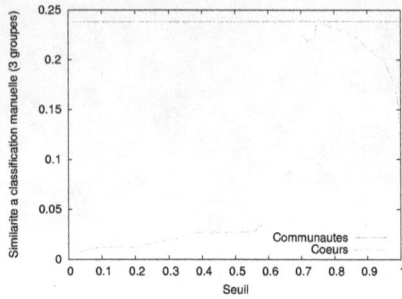

(a) continent (3 groupes)

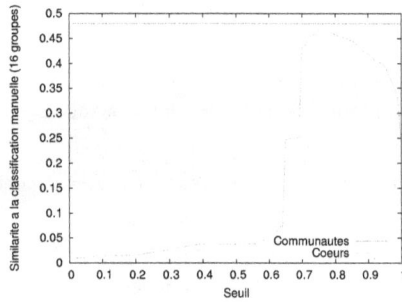

(b) région (16 groupes)

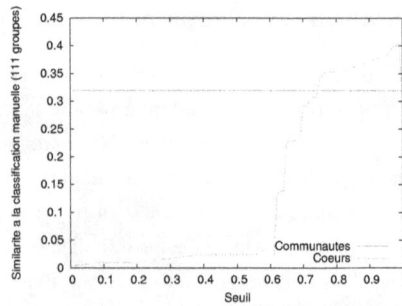

(c) territoire (111 groupes)

FIGURE A.7 – Qualité des cœurs en fonction du seuil α

paraît nécessaire de posséder un outil qui puisse utiliser différentes hiérarchies selon le contexte.

A.4.3   Visualisation du graphe de blogs

Le principal avantage des données du corpus étudié est que les blogs ont été classifiés et étiquetés manuellement, ce qui permet de distinguer visuellement les différents blogs, par exemple en utilisant des couleurs. Nous avons donc choisi de représenter les communautés avec une couleur (une forme géométrique) liée au classement manuel des sommets : rouge (cercle), vert (carré) et bleu (losange) pour respectivement société, individualité et loisirs.

L'approche la plus classique pour affecter une couleur à une communauté consisterait à représenter les couleurs avec des dégradés en fonction de la couleur des nœuds qu'elles contiennent, mais les résultats obtenus pour des communautés mixtes seraient peu interprétables. Nous avons donc choisi d'utiliser une couleur vive pour les communautés contenant plus de x % de sommets du type majoritaire, une couleur claire pour celles contenant entre y % et x % et du gris pour celles contenant moins de y %.

La figure A.8 représente la distribution cumulée des groupes majoritaires dans chaque communauté. Nous pouvons voir qu'il y a très peu de communautés ayant moins de 50 % de sommets du groupe majoritaire ; nous choisissons donc y = 50 %. De même, la forte de proportion de communautés très ciblées pour lesquelles la grande majorité des sommets sont du même type nous incite à prendre une valeur de x très élevée ; nous avons choisi x=90 %. La figure A.10 illustre la composante géante du graphe des blogs aux différents niveaux de hiérarchie avec les couleurs associées, sans aucun filtrage.

Filtrage

La présence d'une grosse communauté grise au niveau 6 (voir figure A.10(d)) montre que le niveau le plus haut n'est pas forcément le plus intéressant même s'il contient moins de sommets et de liens. C'est la raison pour laquelle nous avons décidé d'explorer un niveau plus bas (niveau 5), dans lequel la grosse communauté grise n'existe plus (voir figure A.10(c)). Puis, nous avons décidé de filtrer en fonction de la taille des communautés afin d'alléger le dessin. Afin

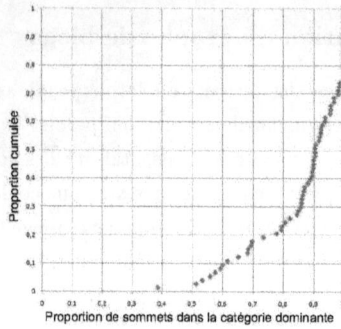

FIGURE A.8 – Distribution de la proportion de la catégorie majoritaire
dans les communautés

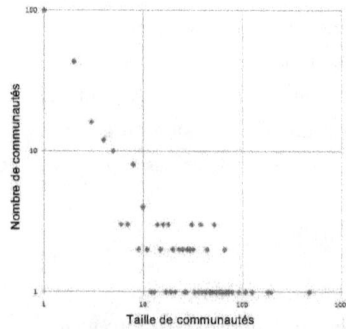

FIGURE A.9 – Distribution de la taille des communautés

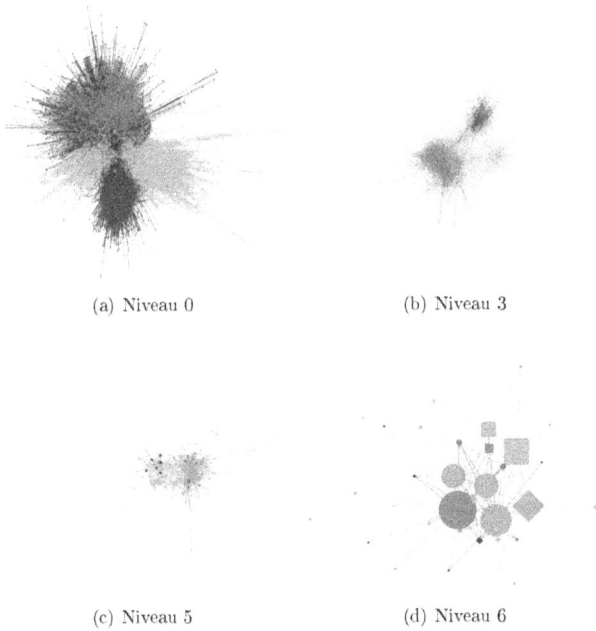

(a) Niveau 0   (b) Niveau 3

(c) Niveau 5   (d) Niveau 6

FIGURE A.10 – Graphe des blogs à différents niveaux de la hiérarchie communautaire

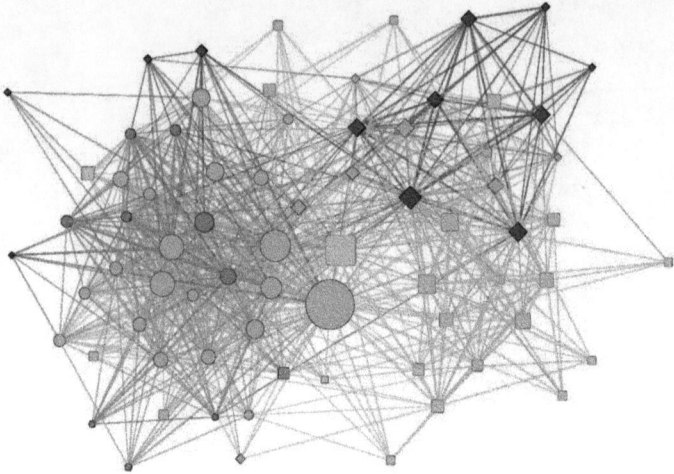

FIGURE A.11 – Graphe des blogs au niveau 5 Après filtrage de communautés de petite taille

de choisir la valeur du seuil de filtrage nous avons utilisé la distribution de la taille des communautés (voir figure A.9). Nous avons décidé d'éliminer les communautés dont la taille est inférieure à 10. La figure A.11 illustre l'efficacité de ce filtrage. Le dessin est beaucoup plus lisible et on peut remarquer que les trois couleurs sont bien séparées après ce filtrage.

Navigation

La figure A.12 illustre la fonctionnalité de l'interaction dans notre méthodologie. En haut à gauche, bien que la majorité des communautés d'une même couleur soient proches, il est possible d'identifier quelques communautés qui sont plus éloignées de leur groupe. En particulier, nous avons isolé une communauté bleue (loisirs) plus proche des communautés rouges (société). Une vue éclatée de cette communauté (voir figure A.12(b)) ainsi qu'un zoom (voir figure A.12(c)) a été présenté. Il s'avère que cette communauté ne contient presque que des blogs classés dans la catégorie "football".

Une recherche par mot-clé sur les communautés relatives au football (voir

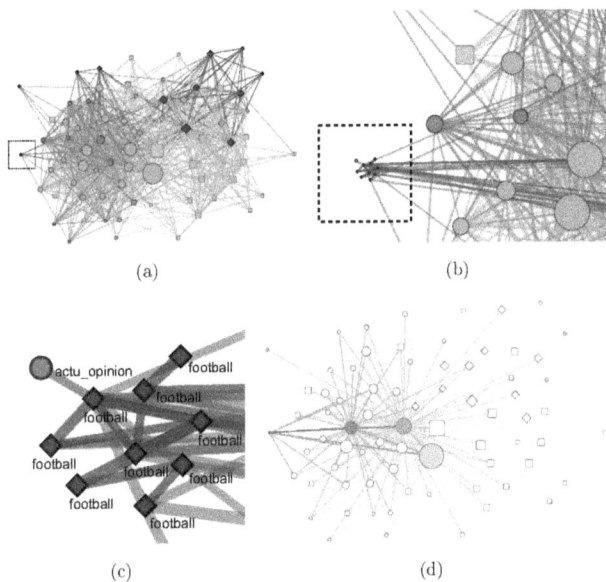

FIGURE A.12 – Graphe des blogs au niveau 5 (a); éclatement d'une communauté mal placée (b); zoom sur cette communauté (c). L'ensemble des communautés contenant des blogs sur le football sont représentées (d)

en bas à droite) montre qu'il s'agit essentiellement de communautés de couleur rouge, ce qui tend à montrer que la thématique "football" aurait dû être associée à la catégorie Société plutôt qu'à la catégorie Loisirs.

A.4.4 Interprétation

Les différentes visualisations permettent de vérifier le bon fonctionnement de l'algorithme de détection de communautés que nous avons exécuté sur le réseau de blogs, en particulier une fois que nous avons éliminé les petites communautés qui gênent le dessin. L'intérêt du filtrage se voit quand on compare la figure A.10(c) à la figure A.11, qui est beaucoup plus lisible. Nous avons constaté que les blogs qui parlent de l'individualité peuvent se diviser en deux parties : une partie liée à loisirs et l'autre partie liée à la société.

Grâce au système d'interaction permettant de passer d'un niveau d'abstraction à un autre, nous avons pu explorer plusieurs sous-communautés, notamment une communauté visiblement éloignée des communautés proches et nous avons découvert qu'il s'agissait de blogs provenant d'une catégorie précise (football en l'occurrence) qui est plutôt liée a la société qu'aux loisirs.

A.5 Conclusion

La visualisation graphique est un bon moyen pour faciliter la compréhension de quantités importantes de données abstraites. Elle peut en particulier attirer notre attention sur ce qui n'est pas au centre. En revanche, les outils actuels pour la visualisation de graphes sont limités à des ensembles de données de taille moyenne et sont incapables de traiter de très grands graphes. De plus, l'œil humain a du mal à distinguer les graphes complexes.

Afin de résoudre ce problème, nous avons comparé deux méthodes de détection de communautés que nous avons associé à une visualisation interactive multi-échelle basée sur le calcul de structures hiérarchiques, ainsi que la possibilité de naviguer dans cette structure en éclatant/fusionnant les communautés à différents niveaux afin d'arriver à une vue intéressante.

L'étude de plusieurs partitionnements montre que les différentes méthodes ont du mal à se différencier nettement selon les données étudiées et qu'il est donc nécessaire que les parties de calcul et de visualisation soient dissociées.

Nous avons aussi montré qu'il est pertinent de prétraiter la structure hiérarchique afin d'accélérer le processus de navigation.

Plusieurs problèmes se posent, notamment le fait que les niveaux les plus hauts comportent souvent une composante connexe principale à noyau très dense d'où il est difficile d'extraire des motifs pertinents. Nous avons utilisé plusieurs filtrages qui peuvent nous aider à réduire la complexité de ces graphes.

Nous avons en particulier appliqué notre méthodologie à l'étude d'un réseau de blogs qui avait été étiqueté manuellement. Cela nous a permis de vérifier la qualité de l'algorithme de détection de communauté choisi, de valider le concept de visualisation interactive multi-échelle, ainsi que de détecter des cas où la classification manuelle semble peu satisfaisante.

Une perspective de ce travail est de trouver des techniques de filtrage plus efficaces ainsi que des méthodes d'évaluation de la lisibilité du graphe aux différents niveaux hiérarchiques. L'impact de la structure hiérarchique doit aussi être étudié plus en profondeur.

9 783838 171043